나의 첫 질문

국어공부
어떻게 해야 할까요?

【프롤로그】

중국 송나라시대 정치가이고 당송팔대가인 구양수는 글을 잘 짓는 방법을 3다(多)라고 했습니다.
 ① 다독(多讀) : 많이 읽다
 ② 다작(多作) : 많이 쓰다
 ③ 다상량(多商量) : 많이 생각하다
즉 책을 많이 읽다보면 어휘력이 풍부해져 생각의 폭이 넓어지고, 또한 생각이 깊어지고,
자연히 하고 싶은 말이 많아지게 되면서 보여주고 싶은 글을 잘 짓게 된다는 것입니다.
이 말은 "국어공부 어떻게 해야 할까요?" 질문에 대한 답변과 맞먹는 말입니다.
미래의 약속은 어휘력·문해력·문장력입니다.

[1] 국어공부 어떻게 해야 할까요?

초등학생들에게 국어공부는 만만하기도 하면서 어렵기도 한 과목이다.
초등 국어에서는 읽기, 쓰기, 듣기, 말하기를 중심으로 문학과 문법을 공부한다. 또한 1학년부터 6학년까지 다양한 종류의 글을 어떻게 읽어야 할지를 가르치고 있다. 이를 통해 어휘력과 문해력, 발표력 등 학습의 기본적인 틀을 만들고 평생의 언어용 능력을 키운다. 국어공부가 중요한 이유다. 국어는 모든 과목의 기초가 된다. 그래서 국어공부를 못하는 아이는 어휘력과 문해력, 발표력이 부족한 결과이기 때문에 다른 과목도 잘할 수가 없다.
국어 교육과정은 읽기, 쓰기, 듣기, 말하기를 바탕으로 문학, 문법 영역으로 구분되어 있다. 하지만 실제로 아이들이 이렇게 세분화 된 영역에 대해서 알기는 어렵다. 물론 선생님은 수업시간에 무엇을 배워야 하는지 수업목표에 대해서 일러주지만 영역과 관련지어 궁극적으로 아이들이 도달해야 할 목표가 무엇이고 어디까지인지 알기는 어려운 일이다. 이것은 초등학생, 중학생, 고등학생까지 국어공부를 하는 학생들이면 비슷하지 않을까 싶다. 학창시절 국어공부가 힘들었고, 수능에서도 언어영역 때문에 애를 먹었던 경험이 있을 것이다.
사실, 국어과목은 배울 것이 많고 실제로 교육과정에서도 가장 많은 시간을 할애하고 있다. 그렇다고 아이들에게 국어를 좋아하느냐고 물어보면 그렇다고 대답하는 아이들이 별로 없다. 그도 그럴 것이 수학은 계산을 통해서 정답이 정확하게 도출되고, 통합교과는 움직임 활동이나 조직활동이 주가 되기 때문에 나름대로 배우는 즐거움이나 자기 만족이 있지만, 국어는 이 두 가지 모두가 불분명하고 거기에 학기초부터 일기, 독서감상문 등 숙제까지 내주니 아이들의 입장에서는 무엇을 배우고 있는지 공부를 어떻게 해야 하는지 뚜렷한 방향이 보이지 않고, 지루하고 답답하게만 느껴지는 과목이다.
여기서 짚고 넘어가야 할 부분은 1968년 국어교과서(문교부 발행)부터 2002년국어교과서 (서울대학교 국어교육연구소 발행)까지 초등학교, 중학교, 고등학교 국정도서 국어교과서의 차례를 살펴보면 논설문, 설명문, 기행문, 생활문, 편지글, 일기, 동시, 동화, 희곡, 관찰기록문, 독서감상문, 웅변연설문 등으로 집약되며 여기에 해당 장르의 다양한 지문이 나오고, 그와 관련한 여러가지 활동들이 제시되고 있다. 국어공부의 영역을 포함한 총체적인 맥락, 그리고 어느 정도의 디테일까지 파악할 수 있다.

[2] 국어공부에서 중요한 것은 무엇일까요?

그렇다면 "국어공부에서 중요한 것은 무엇일까요?" 바로 꾸준한 독서를 통한 읽기 능력과 문해력, 어휘력을 갖추어야 하는 것이다.

국어시험은 지문의 내용을 제대로 이해했느냐를 묻는 문제가 대부분이라서 평소 꾸준하게 책을 읽어온 아이들에게는 크게 문제가 되지 않지만, 평소 책을 읽지 않은 아이들에게는 막막하게 다가올 것이다.

게다가 학년이 올라갈수록 지문은 길어지고 깊이는 싶어지기 때문에 국어는 점점 힘든 과목이 되어간다. 그래서 평소 책을 읽을 때는 문학작품 외에도 정보를 전달하는 글, 주장하는 글을 포함한 논설문, 설명문, 기행문, 생활문, 편지글, 일기, 동시, 동화, 희곡, 관찰기록문, 독서감상문, 웅변연설문 등 다양한 글을 접해 보도록 해야 한다. 예를 들어 논설문은 「기미독립선언문」, 「최현배의 겨레의 얼과 말」, 설명문은 「조지훈의 소재와 표현」, 「신일철의 논리적 사고」, 기행문은 「정비석의 산정무한」, 「이은상의 산 찾아 물 따라」, 일기는 「난중일기」, 「안네의 일기」, 희곡은 「유치진의 원술랑」, 「오 헨리의 마지막 한 잎」, 관찰기록문은 「파브르의 곤충기」, 「시턴의 동물기」, 웅변연설문은 「링컨의 게티즈버그 연설」, 「마틴 루터 킹목사의 나에게는 꿈이 있습니다」 등 장르별로 찾아서 읽어 보기를 권한다. 그러면 자연스럽게 개념 정리도 되고, 사실과 의견을 구분하게 되고, 생각이나 느낌을 글로 표현하는 방법도 익히게 된다.

아울러 국어과목에 자신감을 갖기 위해서는 교과서에 실린 지문의 원래 작품을 찾아 읽는 것은 큰 도움이 된다. 교과서에는 글의 일부분만 실리는 경우가 있기 때문에 원래 작품을 찾아 전체를 읽어보면 글을 더욱 풍부하게 제대로 감상할 수 있고, 글의 구성과 앞뒤 상황이 맞춰져 있는 글을 읽을 수 있어 이해의 폭도 넓어진다.

[3] 국어공부를 통해서 다다르고자 하는 궁극의 가치는 문해력과 자기표현입니다.

문해력이 장르별 지문을 해석하여 문제를 푸는 것으로 평가한다면, 자기표현은 논리적인 말하기가 포함된 글쓰기인 논술이다. 아시겠지만 선진국에서는 모든 시험을 우리나라처럼 객관식이 아닌 에세이로 치른다.

솔직히 어떤 과목이든 그 공부의 궁극적인 목표가 무엇인지 생각하는 친구들은 거의 없다. 그저 하기 싫지만 해야만 하는 것이고, 뭐가 됐든 자기자신에게 도움이 된다고 생각하고 있기 때문에 울며 겨자 먹기로 하는 친구들이 대부분 일것이다.

그래서 "국어공부 어떻게 해야 할까요?" 라고 묻는다면 너무도 뻔한 대답일지 모르겠지만 꾸준한 책읽기와 글쓰기연습이라고 말하고 싶다.

우선 책읽기를 통해 전반적인 문해력을 기를 수 있고, 일기쓰기, 독서록쓰기 등 다양한 글쓰기를 통해 표현력을 향상 시킬 수 있을 것이다. 하지만 이 두 가지 모두를 스스로 재미를 느껴 꾸준히 하기에는 어려움이 많을 것이다.

특히 책읽기는 읽기의 재미를 붙일 때까지 적절한 도움과 관심이 필요한 부분이다. 책에 관심을 가질 수 있도록 자주 노출시켜 주고, 저학년들은 스스로 책읽기를 힘들어 한다면 '독서에 흥미를 느낄 때까지' 귀찮더라도 반복해서 자주 읽어주고 새로운 형태의 책을 권해보는 것도 하나의 방법이라고 할 수 있다. 지금은 종이책(Paper book), 전자책(Electronic book), 듣는책(Audio book) 등 여러가지 형태로 책이 출간되기 때문에 아이가 좋아하는 형태의 책을 선택하여 책읽기에 흥미를 가질 수 있도록 하거나, 만일 아이가 종이책을 부담스러워 하면 오디오북과 병행해서 흥미를 갖도록 동기부여를 제공해준다. 예를 들어 종이책을 펼쳐놓고 효과음악이 있는 오디오북을 듣게 함으로써 독서에 호기심을 가질수 있도록 기회를 마련해 주는 것이다. 노력도 재능이다. 누적된 책읽기는 결국 아이에게 용기와 자신감을 불어넣어 줄 것이다. "어떤 책을 읽으면 좋을까요?" 라는 질문에는, 독서의 중심은 책이 아니라 독자인 아이들이다. 어떤 책이 좋은지보다 아이의 관심사는 무엇인지 아이의 성향과 수준을 파악하고, 어휘력은 어떤지 파악하는 것이 우선이다. 그래서 아이가 흥미를 가지고 좋아하는 책을 먼저 읽게하는 것이 좋다. 시험을 위해 어려운 고전을 먼저 접하게 하여 책과 벽을 만들기보다는 지금의 시대를 배경으로 한 현대 작품들을 먼저 읽으면서 책을 통해 위로를 받아보게 하는 것이 좋다. 그러면서 국어교과서를 읽게하는 것도 놓쳐서는 안된다.

국어교과서를 많이 읽어보는 것은 국어공부에 도움이 되는데 여기에도 전략이 있다.
① 학습 목표를 확인한다.
학습 목표는 소단원에서 무엇을 배우는지를 설명하는 안내 글이다. 이것에 유의하며 읽어나가면 문단의 내용을 잘 이해할 수 있고 요약하기도 쉽다.
② 어려운 낱말을 찾아가며 읽는다.
글을 읽어 나가면서 모르는 낱말이 나오면 그냥 지나치지 말고 그 낱말의 뜻을 문맥에 맞게 유추해 가며 읽어야 한다. 현행 국어교과서는 학생들이 이해하기 어려운 단어에 별표를 달아 단락 맨 아래에 그 뜻을 적어놓고 있다.

③ 내용 이해를 요구하는 질문에 답하며 읽는다.
설명 글일 경우 내용의 이해를 돕기 위해 날개 지면을 이용해서 질문을 던지고 있다. 이런 질문이 나올 때마다 그 질문에 답을 찾아가며 읽어야 한다.
④ 글의 내용을 요약해 이야기한다.
글을 다 읽은 후에는 글의 내용을 얼마나 기억하고 있는지 중요한 내용을 간추려 이야기해보도록 한다. 전체 내용을 한 번에 말하는 것이 어렵다면 몇 부분으로 나누어 이야기하는 것도 좋다. 이 과정에서 어떤 내용을 기억하고 있는지 어떤 부분을 놓쳤는지 알 수 있고 요약하며 말할 수 있는 실력도 높아진다.
⑤ 글의 내용을 어느 정도 이해했는지 확인한다.
소단원 읽기가 끝나면 그 단원의 목표를 달성했는지 확인하는 질문이 나온다. 이 부분은 제대로 공부했는지 점검할 수 있는 부분이기도 하다. 만일 모르는 부분이 있다면 다시 앞으로 돌아가 그 내용을 익히도록 한다. 초등학교 국어공부는 하루아침에 성적이 오르는 과목이 아니다. 평소 꾸준한 독서를 통해 어휘력과 문해력을 향상시켜야 한다. 국어공부의 궁극의 가치는 문해력과 자기표현임을 잊어서는 안된다.

[4] 질문의 크기가 삶의 크기를 결정합니다.

"엄마, 자장면이 먹고 싶어요." "그래? 그럼 먹으러 가자." 그렇게 말하는 것은 지난 과거의 교육과정입니다. 현, 교육과정은 이렇게 말해야 합니다.
"우리 대장이 자장면이 먹고 싶구나. 그런데 볶음밥도 있고 짬뽕도 있고 우동도 있는데 왜 자장면이 먹고 싶지?" 이 물음에 아이가 "그냥 먹고 싶어요." 라고 대답했다면 그것 또한 지난 과거 교육과정 스타일입니다. 이제 아이는 "왜?" 라는 엄마의 물음에 구체적으로 또박또박 '자장면이 먹고 싶은 이유'를 말해야 합니다. 그것이 현 교육과정에서 추구하는 가치입니다.
결국 공부의 핵심은 근원을 따져 밝히고 자신의 의견을 논리적으로 진술하는 데 있습니다. 그것이 바로 논술이며, 이 훈련은 어렸을 때부터 꾸준히 길러 주어야 합니다.
우리는 아이들에게 동화책을 읽힙니다. 책을 읽은 아이에게 엄마는 이렇게 묻습니다.
"재미있니?" 아이는 대답합니다. "네." 그걸로 끝입니다.
동화는 우리 아이들에게 꿈과 용기와 올바른 삶의 방식을 가르쳐 줍니다.
그것을 좀더 확실하게 깨우치게 하려면, "재미있니?" 라는 질문만으로는 곤란합니다.
"왜 그랬을까?" "만일에 그 때 주인공이 이렇게 했다면 결과는 어떻게 달라졌을까?"
"잠깐만, 그 방법밖에 없었을까?"
우리 아이들의 호기심을 자극하고 생각을 확장시킬 수 있는 질문을 던져 준 다음에 조리있는 답을 말할 수 있도록 유도해야 합니다. 그리고 그것을 글로 쓰면 '논술'이 되는 것입니다.
 단순히 읽는 것에서 그치는 것이 아니라 내용의 확실한 이해를 바탕으로 생각을 넓혀 갈 수 있도록 해야 합니다. 그래야 우리 아이들의 사고력과 탐구력이 무럭무럭 자랄 것입니다.
그것이 공부의 핵심입니다.

[5] 필사는 정독 중 정독입니다.

조선시대 세종대왕은 '사가독서(賜暇讀書)'라 하여 집현전 젊은 학자들에게 휴가를 주어 독서에 전념하게 하였으며, 같은 책을 100번 읽고 100번 필사하는 '백독백습 독서법'을 통해 스스로를 성장시키며 나라와 백성을 섬길 수 있었습니다.

① 필사는 글을 베껴 쓰는 것을 말합니다.

일일이 책을 보고 한 글자씩 옮겨 적는 것이지요.

왜 일부러 힘들게 글을 베껴 쓰냐고요? 한 글자씩 글을 옮겨 적는 과정은 단순히 빈 종이를 채우는 것 이상의 여러가지 장점이 있기 때문입니다.

② 필사는 글짓는 능력을 키워 줍니다.

필사는 글짓기 능력을 키우는데 가장 효과적인 방법입니다. 글을 잘 짓는 능력은 태어날 때부터 타고나는 것이 아닙니다. 아무리 유능한 작가라고 하더라도 태어날 때부터 글을 잘 짓는 것은 아닙니다. 그들은 우리가 모르는 수많은 시간동안 노력을 했습니다. 그 중 대표적인 것이 다른 사람들이 써놓은 좋은 책을 필사하는 것입니다.

③ 필사는 어휘능력을 키워 줍니다.

우리가 평소 쓰는 단어는 매우 제한적입니다. 적은 양의 단어로 일상생활에서 대화를 하고 살아가는 데에는 아무런 문제가 없습니다. 하지만 글을 쓸 때에는 다릅니다. 다양한 어휘를 활용해야 좋은 글을 완성시킬 수 있습니다. 어휘력 향상에 가장 통합적인 방법이 바로 필사를 하는 것입니다.

④ 필사는 사고력을 높여 줍니다.

'손은 제2의 두뇌' 라고 부를 만큼, 두뇌활동과 밀접한 연관을 맺고 있습니다. 즉 손을 이용한 다양한 활동은 두뇌활동에도 좋은 영향을 주는 것이죠. 공책에 글을 쓰는 동안 우리 뇌는 계속해서 생각을 합니다. 필사는 단순히 글을 옮겨 적는 것 같아 보이지만 고도의 사고활동이 이뤄지는 과정입니다. 문장을 통해서 작가의 생각을 이해하고 더 나아가 자신만의 생각을 형성해 가게 됩니다.

⑤ 필사는 집중력을 높여 줍니다.

필사는 무엇인가에 집중하지 못하고 정서가 불안한 아이들이 반드시 해야 하는 과정입니다. 어려서부터 필사를 즐겨하는 아이들은 차분한 성격으로 사려깊은 행동을 하게 합니다. 느긋하고 여유롭게 앉아서 필사를 하는 것만큼 아이들의 원만한 성격 형성에 도움이 되는 방법은 없습니다.

⑥ 어떤 책을 필사해야 할까요?

필사를 할 때 중요한 전제 조건이 있습니다. 그것은 바로 아무 책이나 필사의 대상으로 삼아서는 안 된다는 것입니다. 책의 종류는 매우 많습니다. 책 중에는 양서라 불리는 좋은 책이 있는가 하면 그렇지 않는 책도 많습니다. 가장 쉬운 선택은 오랫동안 검증받고 사람들에게 사랑받아온 고전을 선택하는 것입니다. 또 외국 작품보다는 우리나라 작품을 선택하는 것이 좋습니다. 아무리 좋은 외국 작품이라도 원서 그 자체를 읽고 이해하기는 어렵습니다. 대개는 번역된 책을 보게 되는데 외국 작품을 번역하다보면 원서 그 자체의 깊이를 느낄 수가 없습니다. 그래서 될 수 있으면 한국 작품을 선택하는 것이 도움이 됩니다.

[6] 서술의 4가지 기본양식

문장을 쓰기 시작할 때에는 어떤 의도, 곧 중심적 목적을 가진다. 이 목적은 단지 서술한다는 차원에서가 아니라, 전달이라는 차원에서 가지게 된다. 필자와 독자의 관계를 의식하고, 어떤 의도, 어떤 목적으로 쓴다는 것이 명백해야 한다.
문장의 의도, 또는 목적은 ① 논증 ② 설명 ③ 묘사 ④ 서사 등 4가지로 나뉜다. 이 4가지 서술의 기본양식은 시, 소설, 희곡, 일기, 감상문, 관찰문, 서간문, 식사문, 설명문, 논설문, 논문 등 서술에 두루 적용되는 기본 방법이다.

(1) 논증(論證, argument)

어떤 명제에 대하여 논거를 제시하는 서술활동이다.
독자의 생각, 태도, 관점, 감정 등을 변화시키고자 한다. 완전히 객관적으로, 또는 비개인적 방법으로 독자가 가지는 논리적 능력에 호소할 수도 있고, 또는 독자의 감정에 호소할 수도 있으나, 어느 경우이건 그 의도는 독자에게 어떤 변화를 일으키고자 하는 것이다. 어떤 주장, 판단, 의견을 제시하고 증명하여 독자를 설득시키려는 의도로 쓰는 것이 논증이다. (논문, 논설문)

(2) 설명(說明, exposition)

주제를 해설하거나 똑똑히 밝히는 서술활동이다.
독자에게 무엇인가를 알리고자 한다. 무엇을 설명하고, 어떤 사상을 독자에게 밝혀주고, 어떤 성격이나 상황을 분석하고, 어떤 말의 뜻을 풀이하며, 어떤 방향을 제시해 주는 것이다. 이러한 의도로 쓰는 것이 설명이다. (설명문)

(3) 묘사(描寫, description)

사물이 지닌 성질, 사물이 우리의 감각에 만들어 주는 인상이 무엇인가를 나타내 주는 서술활동이다.
자기가 보고 듣고 겪은 사물의 인상을 그대로 생생하게 독자로 하여금 상상적으로 체험하게 하고자 한다. 그 대상은 자연의 정경, 도시나 시골의 풍경, 사람의 얼굴 등 삼라만상이 해당된다. 이러한 대상들을 있는 그대로 객관적으로 그려내어 서술하는 것이 묘사이다.
(묘사는 글쓰기의 꽃이다. 글쓰기 능력은 묘사로 평가된다.)

(4) 서사(敍事, narration)

의미있는 행동의 시간적 과정을 서술하는 활동이다.
어떤 사건의 의미 있는 시간직 과정을 표현하고자 한다. 사건은 웅장하거나 평범한 것일 수도 있고, 스포츠 경기나 전쟁, 각종 선거나 들놀이인 경우도 있을 것이다. 어떤 사건이든, 필자는 시간 속의 한 연속과, 경우에 따라서는 한 사건이 다른 사건으로 어떻게 전개되는가 하는 이유를 제시하고자 하는 것이다. 이러한 의도로 서술하는 것이 서사이다.
(소설, 동화, 기행문, 일화, 전기, 실록, 비사, 신문기사)

[7] 반복은 천재를 만들고 신념은 기적을 만듭니다.

어떻게 하면 공부를 효과적으로 할 수 있을까요? 영어를 쉽고 빠르게 배울 순 없을까요?
"뇌가소성을 알면 가능합니다." 어떻게 하면 효과적으로 두뇌를 업그레이드 할 수 있을지
세 가지를 알려 드리겠습니다.
"조디 밀러"라는 3살 여자아이는 심한 발작을 겪었습니다. 병원에서 진료를 받아보니
〈라스무센 뇌염〉이라는 희귀병이었습니다. 왼쪽 뇌에는 심각한 마비가 찾아왔는데요. 알려진
모든 치료법에 실패하자, 의사들은 두뇌의 절반을 제거하는 반구절 제술을 시행했습니다.
시간이 지났습니다. 뇌절반을 없앤, 이 아이는 어떻게 되었을까요?
놀랍게도 몸 왼쪽에 약간의 마비가 있었지만 정상적으로 살아가고 있었습니다.
우리의 신체 부위별 뇌가 정해져 있고, 만약에 이것이 바뀔 수 없다면 불가능한 현상입니다.
인간의 뇌는 완성된 상태가 아닌 미숙한 상태로 태어납니다.
이후, 우리의 두뇌는 주어지는 자극들을 받아들이고 그 필요에 맞게 가장 적합한 형태로
발달합니다. 이것을 '뇌가소성'이라고 합니다.
컴퓨터나 스마트폰과 같은 하드웨어는 위치별로 역할이 정해져 있습니다. 그래서 특정 부위를
없애면 화면이 보이지 않거나 소리가 들리지 않거나 하는 장애가 발생할 것입니다.
하지만 우리의 뇌는 다릅니다. 일부 영역을 제거하여도 끊임없이 새로운 자극을 받아들이고
그에 맞게 뇌의 영역을 재편합니다.
"뇌는 어려운 과제와 목표에 맞게 항상 스스로를 조정한다. 환경의 요구에 맞춰 자원의 형상을
뜨고 필요한 자원이 없을 때는 직접 만든다." 하지만 이런 가소성은 나이를 먹을수록
떨어진다고 합니다. 그럼 어떻게 하면 가소성을 높여서 두뇌를 발달시킬 수 있을까요?
"정답은 바로 우리의 뇌가 그것을 중요하다고 여기게 만들면 됩니다." 중요하다고 여기는 자극이
생기면 우리의 몸은 그것을 수용하는 피질에 아세틸콜린이라는 물질을 분비합니다.
그러면 그 부위는 어린아이처럼 말랑한 가소성을 갖게 됩니다. 그 뜻인 즉, 새로운 정보를 쉽게
받아들인다는 뜻이죠. 그렇다면 어떻게 뇌가 자극을 중요하게 여기게 만들 수 있을까요?
이것을 잘 활용한다면 외국어를 배우는 데, 시험공부를 할 때, 우리의 신체능력을 발달시키는 데,
운동을 할 때, 그리고 자녀를 양육할 때 등 효과적으로 활용할 수 있습니다.
세 가지 구체적인 행동 방법을 알려드리겠습니다.

첫째, 지속적으로 노출하라
둘째, 생존환경을 만들어라
셋째, 호기심과 보상을 제공하라

첫째, 지속적으로 노출하라
일본에서 태어난 하야토와 미국에서 태어난 아기 윌리엄이 있다고 합시다. 태어난 직후 두
아이의 두뇌는 별다른 점이 없습니다. 하지만 두 아이가 듣는 언어가 다릅니다. 일본어와 영어의
발음 차이 중 가장 큰 것은 R과 L의 구분이 있다는 것입니다.

하야토는 R과 L에 대한 소리의구분이 필요없어 집니다. 시간이 지나, 이 아이는 두 소리를 구분하지 못하게 됩니다. 하지만 윌리암에게 이 두 소리의 구분은 중요한 모국어의 영역이기에 부분 능력이 점차 발달하게 됩니다. 이처럼 발달을 하고 싶은 영역에 대한 지속적인 자극은 뇌를 변화시킵니다.

둘째, 생존환경을 만들어라
즉각적으로 아세틸콜린을 분비해서 뇌에 각인시키는 방법이 있습니다. 그것은 바로 생존의 위협이 되는 경험입니다. 우리는 태어날 때, 불이 위험하다는 것을 모르고 태어납니다. 하지만 한 번이라도 불에 데일 뻔한 경험을 하면 그것은 즉각, 두뇌 깊숙이 자리잡게 됩니다. 뇌는 생존의 위험이 되는 것에 대해서는 특별히 가산점을 부여합니다.
외국에 수년간 체류를 했어도 언어가 늘지 않는 사람들이 있습니다. 한인들끼리만 친하게 지내고 취미 정도로 외국어를 경험한다면 우리의 두뇌는 새로운 이 언어에 대해서 마음을 열지 않을 겁니다. 하지만 외국에 조금 살았지만 금방 언어를 배우는 사람도 있습니다. 바로 외국인들을 상대로 가게에서 일을 하거나 즉각적인 대답이 필요한 환경에 있었던 사람들인데요. 우리의 뇌는 위기에 대해 가산점을 부여하므로 두뇌 가소성이 활성화 되게 됩니다.

셋째, 호기심과 보상을 제공하라
교육심리학자 라슬로프가는 천재는 '태어난 것이 아니라 만들어지는 것이다'라는 신념을 가진 사람이었습니다. 그녀는 세 딸에게 이 신념을 토대로 체스교육을 하였습니다.
먼저 아이들에게 비밀의 방에서 무언가를 하는 것처럼 하여서 체스에 대한 호기심을 불러일으켰습니다. 그리고 점차 자라면서 체스 성적에 따라서 포옹과 시선과 관심을 제공하였습니다. 아이들은 어떻게 되었을까요?
자연스럽게 색다른 체스에 대한 뇌의 회로가 발달할 수 밖에 없었습니다. 세 딸은 모두 어린 나이에 체스 그랜드마스터가 되었습니다. 호기심은 사람을 관심 끌게 하고 뇌의 재편을 활성화합니다. 탈무드, 공자, 소크라테스의 교육법은 모두 질문을 제시하며 시작합니다. 이것은 우연이 아닙니다. 다음으로 보상입니다. 우리에게 적절한 보상이 주어질 때에 뇌에서는 도파민이 분비됩니다. 이것은 자연스럽게 생존의 환경으로 이어지게 되고 더 많은 도파민 분비를 받기 위해서 뇌는 그 방향으로 노력을 하게 됩니다. 보상은 간식과 돈과 같은 물질일 필요는 없습니다. 친구들의 칭찬과 인정, 부모님의 따뜻한 시선도 뇌를 바꾸는 충분한 보상이 될 수 있습니다. 지금까지 뇌가소성과 이것을 이용해 우리의 두뇌를 발달시키는 법에 대해서 알아보았습니다. 뇌가소성이야기는 성장이 없이 정체돼 있다고 느낀 사람들에게는 절망감을 줍니다. 하지만 반대로 앞으로 좋은 자극을 주면 달라질 수 있다는 희망을 주기도 합니다. 뇌는 자신에게 대접하는 만큼 보답을 합니다. 【프롤로그 끝】

나의 첫 질문

국어공부
어떻게 해야 할까요?

제2권 : 어린이 문장강화 **설명문** 편

주식회사 자유지성사

이 책을 내면서

　어린이들은 참으로 많은 것을 보고 겪으며 자랍니다. 예쁜 꽃, 귀여운 동물, 싱그러운 바람, 맑은 햇살, 그리고 부모님과 가족들의 따뜻한 사랑, 아름다운 이야기…….

　친구들과의 놀이, 장난감, 그림 그리기, 책 읽기, 어린이들에게 필요한 것은 참으로 많습니다.

　그 중에서도 충분한 영양분은 어린이들의 몸을 자라게 해 주고 좋은 글 한 편은 정신을 살찌게 해 줍니다. 거기에 좋은 글을 쓸 수 있

는 기회가 보태진다면 더더욱 몸과 마음이 튼튼한 어린이로 자랄 것입니다.

　일기를 쓰면서 하루를 반성하고, 동시와 동화를 쓰면서 많은 상상의 세계를 펼치고, 생활문을 쓰면서 사랑을 배우고, 논설문·설명문·독후감을 쓰면서는 논리적이고 체계적인 사고력을 키우게 됩니다.

　좋은 생각이 담긴 글을 많이 읽고, 좋은 생각을 많이 해 보며, 좋은 생각을 글로 표현해 보는 것, 어린이들에게 그것만큼 소중한 것은 다시 없을 것입니다.

2025년 4월
지은이

차 례

나의 턴 질문 국어공부 어떻게 해야 할까요?

제2권 : 어린이 문장강화 **설명문** 편

1. 설명문이란 어떤 글일까요? • 9

2. 설명문과 논설문의 차이는 무엇일까요? • 73

3. 설명문을 쓰기 전에 무엇을 먼저 생각해야 될까요? • 81

4. 설명문은 어떻게 써야 할까요? • 91

5. 설명하는 방법은 어떻게 선택해야 할까요? • 99

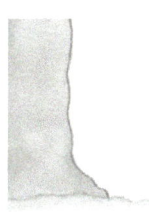

1 설명문이란 어떤 글일까요?

설명문은 어떤 사실이나 현상을 알기 쉽게 설명해 놓은 글입니다. 어린이 여러분이 학교에서 가장 많이 접하는 글이 바로 설명문입니다. 교과서에 실려 있는 글의 대부분이 설명문이기 때문입니다.

한 마디로 설명문은 지식이나 정보를 전달하고 이해시키기 위해서 쉽게 풀어서 쓴 글입니다. 남이 잘 알지 못하는 사실이나 잘못 알고 있는 사실을 쉽게 풀어서 이해시키는 것이 설명문의 목적입니다.

어린이 여러분은 하루에도 여러 번 설명을 합니다. 예를 들어 숙제를 하지 못해서 선생님께 숙제를 못한 이유를 말씀드릴 때, 친구가 어제 본 축구 경기에 대해 이야기해 달라고 했을 때, 학원에 가지 않고 놀았다가 부모님께 들통이 나서 그 이유를 밝혀야 할 때, 또는 여행을 다녀와서 친구들에게 들려 줄 때, 친구와 싸우고 났을 때, 결석을 했을 때 모두 설명을 해야 됩니다.

예문

"일본과 스페인의 축구를 보면서 동양인이 극복해야 하는 것은 체력의 한계라는 사실이었어. 아무래도 서양인은 지구력이 강하지만 동양인은 채식 위주의 주식 탓에 체력이 뒤떨어질 수밖에 없어."

예문

"학원 입구로 들어서는데 친구가 저를 불렀어요. 그리고 같이 어딜 가자고 해서 따라갔더니 오락실이잖아요. 거기서 오락을 하다가 깜박 학원 가는 것을 잊어버렸어요."

예문

"어제가 할머니 생신이었거든요. 저는 숙제 때문에 갈 수가 없다고 말씀드렸지만 엄마는 제가 안 가면 할머니께서 몹시 서운해 하실 거라고 말씀하셔서 거길 따라갔다가 그만……."

예문

"내가 일본에 갔다가 느낀 점 중에 한 가지는 일본은 모든 것이 컴퓨터 같은 나라라는 사실이었어. 단 1그램이라도 차이를 인정하지 않는 곳이지. 천 엔어치 야채를 사고 싶다고 하면 그 금액만큼만 담아 주는 거야. 만약 1그램이 넘치면 그것만큼 반드시 덜어 내는 거야. 우리 나라처럼 덤이니 개떡이니 하는 것들은 꿈에도 생각할 수 없는 곳이야. 우리 나라가 정으로 뭉쳐진 나라라면 일본은 철저하게 상업적이고 계산적인 나라였지."

예문

"저는 그 애하고 싸울 생각이 정말 없었어요. 실수로 부딪친 것이라서 그냥 지나쳤더니 시비를 걸잖아요. 야, 너 왜 사과 안해? 하고 말예요. 그래서 미안해, 하고 대답했더니 대뜸 무섭게 노려보면서 소리를 질렀어요. 미안하다고 하면 다야! 하고 말예요. 다시 사과를 했는데도 소용이 없었어요. 계속 화를 내고 소리를 지르잖아요. 나중에는 저도 화가 나서 견딜 수가 없었어요. 실수한 것 갖고 그렇게 화낼 필요가 뭐 있냐고 따졌더니 그 애가 먼저 제 멱살을 잡았어요. 그래서 싸우고 말았어요."

예문

"그제 비가 오는데 친구들하고 공원에서 축구를 했어요. 비가 오고 있었지만 친구들이 끝까지 하자고 해서 축구를 계속 했습니다. 집에 돌아왔는데 너무 피곤했어요. 그래서 씻지도 않고 그냥 잤더니 새벽부터 온몸이 불덩어리로 변했어요. 저는 기억도 안 나는데 계속 신음 소리를 내면서 앓았다고 해요. 할 수 없이 아침에 병원으로 갔는데 주사를 맞으면서 잠이 들어 버렸어요. 깨어나서 학교에 가겠다고 했더니 어머니께서 오늘은 안 되겠다고 하셨어요. 의사 선생님도 하루 정도 쉬는 것이 좋겠다고 하셨구요. 그래서 결석을 하게 되었습니다."

위의 여러 가지의 내용들도 설명에 속합니다. 말로 하는 설명문인 셈이지요. 하지만 말로 하는 것이라고 해서 앞과 뒤가 맞지 않아서는 안 됩니다. 논리정연하게 있었던 일을 설명하면 듣는 사람도 쉽게 이해할 수 있기 때문입니다.

사람은 언어의 동물이기 때문에 생활하는 데 있어 말만큼 중요한 것은 없습니다. 우리는 체계적이고 논리적인 말 한 마디로 극한 상황을 헤쳐 나갔다는 여러 사람들의 이야기를 많이 듣습니다. 그만큼 조리있게 할 줄 아는 말 실력은 무엇보다 중요합니다. 조리있는 설명문 쓰기에 익숙해지면 말하는 솜씨도 늘어나는 것은 당연한 일입니다.

하지만 여러분이 주위 사람들에게 말로 하는 설명과 글로 쓰는 설명문은 다소 차이가 있습니다.

글로 표현하는 설명문은 사실만을 말하는 글입니다. 그러므로 여러분 개인의 느낌이나 생각, 의견은 쓰지 말아야 합니다.

때에 따라서는 글쓴이의 의견이 첨가되기도 하지만 대부분 글 마지막에 간단히 씁니다.

예문

　동화 〈파랑새〉는 인간이 미처 찾아 내지 못한 행복에 대해 잘 표현해 주고 있다. 행복의 파랑새를 찾으려고 긴 여행을 떠났던 틸틸과 미틸은 온갖 고난을 겪고 나서야 그 행복의 파랑새가 자기 마음속에 있다는 것을 알았다. 행복은 자기 가까운 곳, 자기의 마음속에서 찾아 내야 하는 것이다. 내 곁이 아닌 다른 곳에 행복이 있다고 한다면 틸틸과 미틸처럼 무작정 파랑새를 찾아 나설 수밖에 없을 것이다.

예문

어떤 악인이 염라대왕 곁으로 끌려갔다.

"저는 평생 착한 일만 하다가 죽었습니다. 그러니까 당연히 천당으로 가야 합니다."

그는 지옥에 떨어지는 것이 무서워 그렇게 말했다. 그러자 염라대왕은 말없이 한쪽 문을 손가락으로 가리켰다. 그는 염라대왕이 자기 소원대로 천당으로 보내주는 줄 알고 좋아하며 그 문으로 들어갔다.

그 곳에는 놀고 먹는 사람밖에 없었다. 누구도 손가락 하나 까딱하지 않아도 맛있는 음식을 배불리 먹을 수 있었고 실컷 늦잠을 잘 수도 있었다.

"이 곳은 정말 천당이야. 이렇게 편할 수가 없어."

그는 자신이 천당에 와 있다고 믿어의심치 않았다. 하지만 며칠이 지나자 너무도 지겨워지기 시작했다. 뭔가를 하고 싶어도 할 일이 없었다. 세수하고, 목욕하고, 옷 입는 것까지 자기 손으로 할 것이 없는 곳이었다. 내 손으로 음식 하나 집어먹을 필요 없다는 것이 너무도 끔찍스럽기만 하였다.

　그는 견디다 못해 수문장을 불렀다.

　"나를 차라리 지옥으로 보내 주시오. 정말 이 곳은 살 곳이 아니오."

　그러자 수문장이 단호하게 말하는 것이었다.

　"무슨 소리요? 이 곳이 그럼 천당이란 말이오? 여긴 지옥이오, 지옥!"

　할 일이 있다는 것이 얼마나 행복한 것인지를 시사하는 이야기이다. 행복한 내일을 위해 희망을 품고 자신의 할 일에 몸과 정신을 몰두할 수 있다는 것은 인간에게 있어 가장 큰 행복인 것이다. 만약에 지옥에 떨어진 그 사람처럼 인간이 아무 할 일도 없이 평생을 산다면 정말 끔찍한 일이 아닐 수 없다.

　위의 두 가지 예문처럼 간단하게 자신의 견해를 밝힐 수도 있습니다. 하지만 내용을 좀더 구체화시키기 위해 자신의 견해를 조금 쓰는 것인만큼 절대 길게 써서는 안 됩니다. 간단하고 명확해야 합니다.

설명문의 성격

첫째, 객관적이어야 합니다

　설명문은 남이 잘 알지 못하는 것이나 잘못 알고 있는 것을 쉽게 풀어서 이해시키는 것을 목적으로 하는 글입니다.
　지식이나 정보를 전달하고 알려 주는 것이 목적이므로, 글 쓴 사람의 주장이나 의견이 개입되어서는 안 됩니다. 사실을 있는 그대로 보여 주면 됩니다.

> **예문**
>
> 　어린이들이 오락실을 좋아하는 것은 당연하다고 생각한다. 그 곳은 어린이들을 위한 환상의 공간이기 때문이다. 하루가 다르게 변하는 시대에 살고 있는 어린이들에게 만약 옛날처럼 고무줄 넘기나 하고 구슬치기나 하면서 오락실 근처는 얼씬도 말라고 한다면 그것은 분명히 시대 착오적인 행동이 될 것이다.

위의 글처럼 자신의 의견이나 주장을 마치 가장 중요한 사실인 것처럼 주장한다면 그것은 결코 좋은 설명문이 될 수 없습니다. 그렇기 때문에 설명문은 항상 사실을 바탕으로 있는 그대로를 보여 주어야 합니다.

다음 예문은 객관적인 사실을 바탕으로 쓴 글입니다.

예문

연날리기

연날리기는 오랜 옛날부터 정초에 전국에서 행해지던 놀이이다.

연은 종이나 헝겊에다가 대쪽을 가로 세로, 또는 모로 엇맞추어 붙이고 실로 매어서 만든다. 이 연을 공중에 띄워 올리는 것을 연날리기라 한다. 연날리기는 사람들의 마음을 드높게 해 주는 오래된 민속 놀이의 하나로서, 연의 모양은 민족과 나라에 따라 다르다.

역사적인 기록을 살펴보면 연에 얽힌 여러 가지 이야기를 찾을 수 있다. 신라 때에 김유신 장군이 밤에 불을 매단 연을 하늘로 올려 어수선한 민심을 바로잡았다는 이야기가 있다. 또 고려 때에 최영 장군이 제주도를 정벌할 때, 연을 이용하여 성을 함락했다고 한다. 이러한 사실들로 보아 아주 오랜 옛날부터 여러 가지 연을 띄웠다는 것을 알 수 있다.

연은 주로 정월 초하루부터 대보름까지 날리는데, 대보름에는 연을 하늘로 멀리 날려 보낸다. 이는 나쁜 것을 막고 복을 맞아들인다는 뜻이다. 그러므로 연날리기는 오락성과 더불어 종교적인 뜻을 지닌 민속 놀이라 하겠다.

연의 종류는 연에 붙이는 색지나 연의 바탕에 칠하는 빛깔 등에 따라 다양하다. 이를테면 연 이마에 반달 모양의 색지를 붙인 것을 반달연이라 하고, 연의 이마에 둥근 달 모양의 색지를 붙인 것을 꼭지연이라 한다. 또 연의 머리나 허리를 색지로 동인 연을 동이연이라 한다. 그리고 연 밑부분에 직접 색깔을 칠한 연을 치마연이라고 하는데, 빛깔에 따라 먹치마연·청치마연·홍치마연·보라치마연 등이 있다.

연을 만드는 데에는 대와 종이가 필요하다. 방패연의 경우, 종이를 가로와 세로로 2대 3이 되도록 직사각형으로 자른 다음, 그 종이를 접어서 한가운데에 연 길이의 3분의 1 정도의 지름으로 둥근 구멍을 낸다. 종이를 접어서 낸 구멍을 중심으로 대를 종이에 붙인다. 머릿살과 허릿살을 가로로 붙이고, 중살을 세로로 붙인 다음, 장살을 좌우 머리로 엇맞추어 붙인다. 그리고 벌이줄을 매어 균형을 잡는다.

연줄은 부레뜸이나 풀뜸을 한다. 이는 연줄에 부레를 끓인 물이나 풀을 먹이는 것으로, 연줄을 빳빳하고 억세게 하기 위함이다. 또 부레뜸이나 풀뜸을 할 때에 사금파리 가루나 유릿가루 등을 풀에 개어서 실에 올리기도 하는데, 이를 '개미먹인다'고 한다. 이렇게 개미먹인 연줄은 연싸움할 때에 매우 유리하다.

얼레는 연줄을 감는 나무틀인데 지방에 따라 자새 또는 감개라고 한다. 얼레에는 볼기짝얼레, 네모얼레, 육

1. 설명문은 어떤 글일까요? • 23

모얼레, 딸모얼레 등이 있다.

연날리기와 관련된 재미있는 낱말들이 많다. 풀었던 연줄을 얼레로 도로 거두어들일 때에는 '감는다'고 하고, 얼레에 감겨 있는 연줄을 연 쪽으로 보낼 때에는 '푼다'고 한다. 이 밖에도 다음과 같은 낱말들이 쓰인다.

말똥지기: 연을 올릴 때, 연을 가지고 멀리 가서 놓는 사람.

고뜨기다: 연을 높게 오르도록 할 때, 얼레를 한 손에 쥐고 다른 손으로 연줄을 잡아당기다.

얼리다: 연을 날릴 때, 이 쪽 연줄과 다른 연줄을 서로 얽히게 하다.

통줄 주다: 연을 날릴 때, 얼레 머리를 연 쪽으로 내밀어 줄이 막 쏟아지듯 풀려 나가게 하다.

별박이: 연이 까맣게 높이 올라가서 아주 조그맣게 보이는 것.

박이다: 연을 날리는 중에 잘못하여 높은 나무와 같은 장애물에 걸리다.

숙다: 연의 머리가 아래로 기울어지다.

머지다: 연을 날릴 때, 강한 바람을 만나 연줄이 저절로 끊어져서 연이 떠나가다.

연날리기는 지금도 활발하게 행해지는 민속 놀이로, 오락성과 신앙성의 두 면을 지니고 있다. 추위를 이기고 연을 하늘 높이 띄우는 즐거움을 맛보는 것과 나쁜 것을 연에 실어 날려 보낸다는 믿음이 그것이다. 오늘날은 연의 종류가 더욱 다양해지고, 계절에 관계 없이 누구나 할 수 있는 민속 놀이로 바뀌어 가고 있다.

예문

조상들의 생활

　우리 조상들의 의식주 생활 속에는 그들의 슬기로움이 베어 있다. 그 슬기로움을 알아보자.

　먼저, 의생활 속에서 그 지혜를 찾아볼 수 있다. 여름에는 삼베, 모시옷이나 흰색의 얇은 무명옷을 입어 더위를 피하였다. 겨울에는 검은색의 무명옷에 두툼한 솜을 갈아 몸을 따스하게 보호하는 생활의 지혜를 보였다.

　또 식생활 속에서도 조상의 슬기를 찾을 수 있다. 우리 조상들은 쌀을 주식으로 하였지만 보리, 콩, 조, 수수 등의 잡곡을 섞어 부족한 영양을 보충하였다. 된장·고추장·간장 등은 모든 반찬의 기본 양념으로 쓰이는 발효 식품으로, 항암의 효과가 있는 것으로 밝혀졌다. 또 김치 역시 빼 놓을 수 없는 대표적인 발효 식

1. 설명문은 어떤 글일까요? • 27

품으로, 성인병 예방에 효과가 있는 것으로 밝혀지고 있다.

뿐만 아니라 주생활 속에서도 조상을 슬기를 엿볼 수 있다. 건축 재료로 돌·흙·짚·나무 등을 사용하였는데, 이들은 우리 나라 기후와 풍토에 알맞은 것으로 밝혀졌다. 지붕에는 짚을 엮은 이엉을 덮어 추위와 더위를 막았고, 기둥이나 서까래는 곧고 굵은 목재를 썼다. 벽면은 가느다란 나무나 수숫대를 엮어 세우고 양면에 억새 따위를 발라 고르게 하였다. 그래서 기둥과 벽과 지붕이 서로 조화를 이루도록 하였다.

이처럼 우리 조상들은 의생활, 식생활, 주생활에서 그 슬기를 발휘하였다.

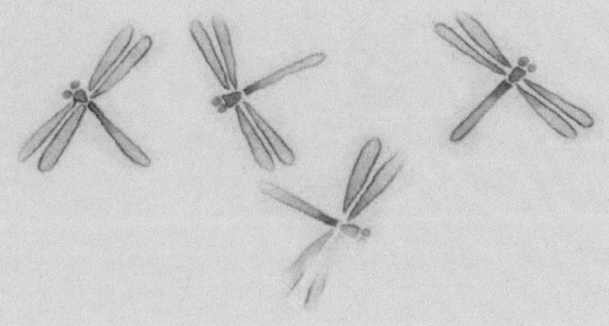

둘째, 뜻이 명확해야 합니다

　설명문은 객관적인 전달이 목적이기 때문에 명확한 해석이 불가능한 단어나 문장을 쓰지 말아야 합니다. 뜻이 명확하고 지시적인 단어를 선택해야 합니다.

> **예 문**
>
> 　자라는 어린이들은 장난감을 많이 갖고 놀아야 합니다. 장난감을 갖고 놀면서 자라는 동안 어린이들은 사회를 이해하게 되고 친구와 사귀는 방법을 익히게 됩니다. 만약 어린이들이 장난감을 전혀 갖고 놀 수 없다면 친구도 사귈 수 없을 것이고 나중에 사회에 적응하는 것도 서툴 수밖에 없을 것입니다.

위의 글처럼 읽는 사람이 무슨 소리인지 언뜻 분간할 수 없는 글은 결코 좋은 설명문이 아닙니다. 어설픈 자신의 주장에 불과할 뿐입니다.

다음 예문은 명확한 단어와 문장을 써서 읽는 이의 이해를 돕고 있습니다.

예문

연어의 일생

연어는 고향을 아는 신기한 물고기입니다. 강에서 태어나 바다에서 살다가 고향으로 되돌아옵니다.

연어는 가을에 깨끗한 강에서 알을 낳습니다. 약 두 달이 지나면 그 알에서 새끼가 나옵니다. 새끼 연어는 일년쯤 강에서 살면 십 센티미터 정도의 크기가 됩니다. 그러면 먼바다로 나가서 자유롭게 돌아다니며 큰 고기로 자랍니다. 몇 년 뒤에 알을 낳을 때가 되면, 연어는 떼를 지어 자기가 태어난 강으로 되돌아옵니다.

 연어는 그 곳에서 수많은 알을 낳은 뒤에 자갈로 알을 덮고 주변을 지킵니다. 이렇게 알을 보살피다가 연어는 온몸에 상처를 입고 결국 죽습니다.

 이렇듯 연어는 고향에서 삶을 마감하는 물고기로, 또한 그 지극한 모성애로 유명합니다.

예문

슬기로운 김치

한국인이 생활 속에서 쌓아 온 지혜로운 것들은 이루 헤아릴 수 없을 만큼 많다. 그 중에서 김치만큼 과학적이고, 영양이 풍부하며, 조상의 슬기로움이 잘 담겨 있는 것도 드물다.

김치는 배추나 무·오이 같은 채소를 소금에 절이고, 여기에 고춧가루·파·마늘·생강과 같은 양념을 버무려 담가 발효시킨 식품이다. 그래서 김치는 익는 과정에서 유산균이 많이 번식하고, 그에 따라 독특한 향기가 생긴다. 이 향기는 비위를 가라앉히고, 식욕을 돋운다. 더욱이 인체에 흡수된 유산균은 창자 속에 있는 해로운 균을 소독하고 질병을 예방하여 우리의 건강을 지켜 주기도 한다.

오늘날도 김치는 우리 국민 모두에게 사랑을 받고 있

다. 아무리 오늘날의 식탁이 서구화되어 가고 있다 하여도, 우리 고유의 음식인 김치는 우리 민족이 존재하는 한 우리의 저녁 식탁을 지킬 것이다.

예문

개

개는 사람과 가장 가까운 동물입니다. 사람들은 먼 옛날부터 개를 길렀습니다. 원래 개의 조상은 이리처럼 사나운 짐승이었는데, 사람과 가까이 살면서 온순하게 길들여졌습니다.

개의 생김새는 여러 가지입니다. 송아지만큼 커서 보기만 해도 겁이 나는 개가 있고, 고양이보다 작아서 무척 귀여운 개도 있습니다. 주둥이가 긴 개도 있고, 짧은 개도 있습니다. 귀가 쫑긋 일어서고 꼬리를 위로 말아 올려 늠름하게 보이는 개가 있는가 하면, 귀가 커서 축 늘어진 개도 있습니다. 털 색깔도 흰색, 누런색, 검은색 따위가 있습니다.

개는 소리를 잘 듣습니다. 먼 데서 나는 소리를 사람보다 훨씬 더 잘 들을 수 있다고 합니다. 가끔 밤에 자다가도 벌떡 일어나 큰 소리로 짖는 것을 볼 수 있습니다. 사람은 듣지 못하는 아주 작은 소리를 개는 들었기 때문입니다.

개는 냄새도 잘 맡습니다. 들길을 가던 개가 갑자기 멈춰 서서 코를 땅에 대고 킁킁거리며 냄새를 맡을 때가 있습니다. 때로는 그 곳을 열심히 파헤치기도 합니다. 이것은 땅 속에 있는 두더지나 들쥐의 냄새를 맡았기 때문입니다. 멀리 나갔다가 되돌아올 때에도 냄새를 맡으면서 집을 찾아온다고 합니다.

개는 영리하고 충성스럽습니다. 주인의 생각을 알아차리는가 하면, 발소리만 듣고도 주인을 알아봅니다. 또 집을 지키고 심부름을 하기도 합니다. 사냥을 돕는 개도 있고, 앞을 보지 못하는 사람들을 돕는 개도 있습니다. 게다가 주인이 위험한 일을 당하면 재빨리 뛰어들어 주인을 보호하기도 합니다. 주인을 살리고 대신 죽었다는 '오수의 개' 이야기는 널리 알려져 있습니다.

개는 의리를 잘 지킵니다. 우리 나라의 토종개 중에서 의리를 잘 지키는 개로는 진돗개와 삽살개가 있습니다. 진돗개는 첫정을 준 주인을 오랫동안 잊지 못한다고 합니다. 그래서 다 큰 개를 데려다 기르면 도망을 치는 경우가 많습니다. 옛 주인을 찾아가기 때문입니다. 아주 멀리 떨어진 곳으로 팔려 간 진돗개가 몇 달 만에 옛 집으로 돌아왔다는 이야기를 우리는 가끔 들을 수 있습니다. 삽살개도 진돗개처럼 의리 있는 개입니다. 정이 든 옛 주인을 잊지 못하여 해질녘이면 언제나 동구 밖에서 기다린다는 이야기가 전해지고 있습니다.

이와 같이, 개는 영리하여 사람을 잘 따릅니다. 또, 여러 가지로 사람을 도와 주기도 합니다. 그래서 개는 사람들의 귀염을 받습니다.

셋째, 쉽게 풀어서 써야 합니다

설명문은 사실을 정확히 전달하는 것이 목적이므로 이해하기 쉬운 말로 알기 쉽게 풀어서 써야 합니다. 무슨 말인지 알아들을 수 없는 글은 남이 잘 알지 못하는 것이나 잘못 알고 있는 것을 쉽게 풀어서 이해시켜야 하는 설명문의 목적에 어긋나는 것입니다.

> **예문**
>
> 사람과 고래는 이웃사촌이다. 둘 다 포유 동물이기 때문이다.
>
> 사람과 고래가 영리한 데는 그만한 이유가 있다. 젖을 먹고 자라는 동물은 지능이 발달될 수밖에 없기 때문이다. 어머니 젖을 먹지 못하고 자란 어린이의 건강이 나쁜 것처럼 어미의 젖을 충분히 먹지 못하고 자란 고래도 병약할 수밖에 없는 것이다.

위의 글처럼 무슨 소리를 하는 것인지 쉽게 이해할 수 없는 글을 써서는 안 됩니다.

다음 예문은 그런 문제점이 없는 좋은 설명문입니다.

예문

마음의 양식

우리는 몸을 튼튼히 하기 위하여 음식을 먹듯이, 마음을 살찌우기 위하여 책을 읽는다. 그래서 흔히 독서를 '마음의 양식'이라고 한다.

그러면 우리는 책을 통하여 무엇을 얻을 수 있을까?

먼저, 우리는 책 속에서 올바르게 살아가는 데 필요한 값진 지혜를 얻는다. 우리 조상들은 살아가면서 여러 가지 어려움을 슬기롭게 헤쳐 나갔고, 그것을 책 속에 담아 놓았다. 따라서 우리는 책을 읽음으로써 조상들의 지혜를 배우게 된다.

1. 설명문은 어떤 글일까요?

그리고 우리는 책을 통하여 그 동안 모르고 있었거나 잘못 알고 있었던 일에 대하여 새로운 지식을 얻는다. 태양열 에너지나 여름에 피는 들꽃에 관한 글을 읽으면, 그것에 대하여 새로운 사실을 알게 된다.

또한 우리는 책을 통하여 다른 사람의 생각을 이해하게 된다. 예를 들어 '고운 말을 쓰자', '자연을 보호하자'라는 제목의 글을 읽게 되면, 그 글을 쓴 사람의 생각을 이해할 수 있게 된다. 그 생각을 나의 생각과 견주어 봄으로써 생활의 지혜를 넓히게 되는 것이다.

그뿐 아니라, 우리는 책을 통하여 생활을 즐겁고 보람있게 할 수도 있다. 동화나 시를 읽으면 상상의 세계 속으로 들어갈 수 있다. 그 속에서 우리는 아름다움과 즐거움을 얻는다.

이렇듯 책 속에는 우리가 살아가는 데 필요한 여러 가지 지식과 지혜가 담겨 있다. 그러므로 우리는 유익한 책들을 많이 읽어서, 지식과 지혜를 차곡차곡 쌓아 가야 하겠다.

예문

전래 동요

　전래 동요는 예로부터 오늘에 이르기까지 어린이들 사이에서 오랜 세월 동안 입에서 입으로 전해진 노래이다. 전래 동요에는 민족의 생활 모습과 정서가 배어 있기 때문에 민요의 일종이라 할 수 있다. 그러나 어린이의 생각과 감정이 나타난 노래이므로, 어른들이 즐겨 부르는 일반 민요와 구별되기도 한다. 어른들의 감정이나 생각을 나타낸 일반 민요와는 달리, 전래 동요에는 어린이들만의 순박한 생각이나 생활 모습이 잘 나타나 있다.

　어린이들은 태어나면서부터 어머니의 자장가를 비롯하여 많은 동요를 듣고 따라 부르면서 자라게 된다. 소꿉놀이를 하거나 잠자리를 잡으면서, 동무를 놀리거나 말장난을 하면서, 빠진 이가 빨리 나기를 바라면서, 동생을 어루면서 노래를 불렀다. 그러므로 전래 동요는 모든 어린이들의 마음과 마음을 이어 온 끈과 같은 것이라 할 수 있다.

전래 동요는 누가 지은 것인지, 누가 처음 불렀는지 알 수 없다. 오랜 세월을 두고 이 사람에게서 저 사람에게로, 이 고장에서 저 고장으로 퍼진 노래이기 때문이다. 시대가 바뀜에 따라, 어린이들이 실제로 보고 듣는 세계뿐만 아니라 어린이들이 마음도 달라지게 된다. 그리하여 어린이들이 부르는 노래의 내용도 어떤 것은 조금 달라지기도 하고, 어떤 것은 아주 달라지기도 하였다. 또 부르는 사람에 따라 곡조가 달라지기도 하였다. 그래서 그 노래를 처음 지은 사람과 부른 사람을 찾아 내기란 거의 불가능하다.

전래 동요는 어떤 일이나 놀이를 하면서 부르는 동요와 그냥 순수하게 노래로만 부르는 동요로 크게 나눌 수 있다. 어떤 일이나 놀이를 하면서 부르는 동요의 예로는 〈나들이 노래〉가 있다. 이 노래는 앞사람의 어깨를 두 손으로 잡고 이마를 등에 댄 채, 땅만 보고 뒤를

1. 설명문은 어떤 글일까요? • 43

따라가며 둘이서 부르는 놀이 동요이다.

어디까지 왔니?
아직아직 멀었다
어디까지 왔니?
동산까지 왔다…….

그냥 순수하게 노래로만 부르는 동요의 예로는 〈별 하나 나 하나〉가 있다.

별 하나 뚝 따 행주 닦아
망태에 넣어서 동문에 걸고
별 하나 뚝 따 행주 닦아
망태에 넣어서 서문에 걸고…….

전래 동요의 형식은 정해진 것은 없고, 대개 길이가 짧으며, 두 마디나 네 마디로 짜여진 것들이 많다.
전래 동요가 오랜 시간 동안 어린이들의 마음을 지킬 수 있었던 것은 그 순수하고 깨끗한 가사와 쉽고 재미있는 음률 때문이라고 할 수 있다.

넷째, 논리적이고 과학적인 글을 써야 합니다

지식이나 정보를 알기 쉽게 이해시키기 위해서는 이치에 알맞도록 논리적으로 설명해야 합니다. 또한 과학적이고 체계적인 글을 써야 합니다.

앞과 뒤가 전혀 맞지 않는 뒤죽박죽인 글을 써놓는다면 나중에 자신이 읽어도 무슨 말인지 알 수 없습니다. 그러니까 설명문은 먼 훗날 다시 읽어도 그 때 무슨 목적으로 그 글을 썼는지 쉽게 알 수 있도록 논리정연하게 써야 합니다.

예문

북

북은 악기 가운데 대표적인 타악기이다. 통의 마구리에 동물 피막을 팽팽하게 씌워 올리게 하는 악기다. 즉 드럼의 역할을 한다.

피막을 이용하기 전에는 목고, 죽고 등이 쓰였는데 구조가 간단하기 때문에 역사도 오래되고 세계 모든 지방에서 그 발생을 볼 수 있다. BC3000년의 고대 오리엔트의 조각에는 피막을 씌운 큰북이 새겨져 있으며, 고대 이집트나 아시리아의 조각에도 요고, 탬버린 등이 새겨져 있다.

고대 중국에서도 제사, 주술 음악에 여러 가지 북이 쓰였다. 북의 용도는 동물이나 적을 위협하여 격퇴할 때, 또 제사나 주술용으로, 경보나 신호의 도구로, 음악 표현을 위한 리듬 악기, 선율 악기로 사용되어 왔다.

 북의 막면은 주로 말, 소, 양, 염소, 개 등의 동물 가죽이 쓰이며 뱀, 도마뱀, 어피 등도 쓰인다. 또한 최근에는 견포나 합성 수지로 만든 것도 있다.

 북에는 단면고와 양면고가 있는데, 단면고는 접착제로 막면을 고정시킨다. 양면고는 가죽끈, 등나무 덩굴, 섬유로 된 끈으로 죄거나, 접착제나 징못으로 고정시키거나, 쐐기를 죄는 끈 사이에 박아 장력을 팽팽히 하거나, 나사못을 박는다.

 북의 연주법으로는 채에 의한 타주, 손이나 손가락에 의한 타주, 막면을 마찰하는 방법, 악기를 진동시키는 방법 등이 있다.

예문

명태의 여러 가지 이름

 엄마와 함께 강원도에 갔습니다. 우리는 새벽에 공판장으로 나가 보았습니다. 어떤 아저씨가 생선을 산더미처럼 쌓아 놓고 값을 흥정하고 있었습니다.
 "엄마 저게 뭐예요?"
 나는 금방 잡아 올린 것 같은 생선을 손가락으로 가리켰습니다.
 "그건 생태라고 한단다. 저걸 얼리면 동명태가 되지."
 "동명태가 뭐예요?"
 "명태를 겨울에 잡아 얼린 거야."
 "그럼 제가 잘 먹은 명태가 저렇게 생긴 것이었어요?"
 "그래."

저는 그 자리에서 많은 것을 배웠습니다.

명태 본래 이름은 생태입니다. 생태는 말리거나 얼리지 않은 고기입니다. 대구과에 속하는 바닷물고기로 몸은 대구와 비슷하지만 홀쭉하고 길이는 60cm 정도입니다.

생태를 말리면 북어가 된다는 것도 알았습니다.

"한 가지 생선 이름이 왜 그렇게 많아요?"

나는 신기해서 그렇게 물었습니다.

명태는 살이 희고 비린내가 적어 찌개로 많이 사용됩니다.

차가운 바닷물에서 사는 물고기인데 크기는 40-60cm 정도입니다.

앞의 두 예문은 북·명태에 대한 여러 가지 지식과 정보를 논리적이고 체계적으로 썼습니다. 우리는 위의 글을 읽고 북과 명태에 대해 좀더 자세하게 알 수 있게 됩니다.

> **예문**
>
> 우리는 대체적으로 사춘기 하면 청소년을 떠올린다. 사춘기는 중, 고등 학생이 되어야 겪는 정신적, 육체적 변화로 알고 있기 때문이다.
>
> 하지만 1차적인 사춘기는 3-4세 때 겪는다. 아이들이 부모의 말을 잘 듣지 않고 제멋대로 고집을 피우는 것이 바로 그것이다. 그 1차 사춘기 때 바로 잡지 않으면 아이들은 제멋대로 자랄 수밖에 없게 되는 것이다.

위의 글처럼 무슨 말인지 알 수 없게 해서는 안 됩니다. 설령 1차 사춘기를 3-4세 때 겪는다는 말을 설명하고 싶다면 왜 그렇게 되는지 일목요연하게 설명할 수 있어야 합니다. 개인적인 생각을 우겨서는 안 된다는 뜻입니다.

다음의 예문들도 논리적이며 체계적으로 씌어진 글입니다.

예문

지구상에는 여러 인종들이 있습니다. 이러한 인종은 피부나 머리카락 색, 코의 모양 등에 따라 구분됩니다.

그 중에서도 피부색은 인종을 구분하는 가장 두드러진 특징입니다. 피부가 희면 백인종, 검으면 흑인종, 그리고 우리 나라 사람처럼 황색이면 황인종이라고 합니다. 대체로 추운 지방에는 백인종이 많고 더운 지방에는 흑인종이 많습니다. 아시아 쪽에는 황인종이 많이 분포되어 있습니다.

특이한 것은 황인종 중에서도 한국, 몽고, 인디언 어린이의 엉덩이에 푸른 반점이 나타난다는 점입니다. 푸른 반점은 출생 후 2세까지 가장 진하다가, 그 후 점차 흐려져서 11-12살 정도가 되면 거의 보이지 않습니다. 이를 몽고반점이라고 합니다.

이렇듯 세계에는 다양한 인종이 모여 살며, 인종에 따라 나타나는 외모, 사고 방식, 삶의 태도 등이 다릅니다. 하지만 어떤 인종이 더 우월하고 어떤 인종은 더

열등하다는 법칙은 없습니다. 모든 인종의 외모, 사고 방식, 삶의 태도, 그리고 각각의 문화가 모두 소중한 것입니다.

예문

　우리 주변에는 수많은 곤충들이 살고 있는데, 이들을 자세히 살펴보면 서로 같은 점과 다른 점이 있음을 알 수 있습니다.

　사람의 다리나 팔꿈치나 가슴에는 뼈가 있지만, 곤충에게는 뼈 대신에 세 겹으로 된 각질이라는 껍데기가 있습니다. 맨 안쪽 겹은 두껍고, 가운데 겹은 딱딱하며, 바깥쪽 겹은 양초를 입힌 것 같아서 물에 잘 젖지 않습니다.

　곤충의 몸은 머리·가슴·배의 세 부분으로 나눌 수 있는데, 그 크기는 곤충에 따라 차이가 있습니다. 어떤 곤충은 머리가 크고 가슴이나 배가 작지만, 어떤 곤충은 머리가 작고 가슴이나 배가 큽니다.

　곤충은 수많은 낱눈으로 된 겹눈 한 쌍을 가지고 있습니다. 그래서 곤충은 한꺼번에 여러 곳을 볼 수 있습니다. 그런데 잠자리와 같이 겹눈 사이에 세 개의 홑눈을 가진 곤충도 있습니다.

곤충의 날개는 가슴에 달려 있는데, 파리나 모기같이 날개가 한 쌍인 곤충도 있고, 잠자리같이 날개가 두 쌍인 곤충도 있습니다. 그런데 딱정벌레와 같은 곤충은 날개가 있어도 잘 날지 못합니다.

모든 곤충은 다리가 세 쌍이 있는데, 날개와 마찬가지로 가슴에 달려 있습니다. 다리는 모두 다섯 마디로 되어 있습니다. 그런데 특이하게도 귀뚜라미는 다리에 귀가 있습니다.

곤충은 다른 생물에 비해 몸은 아주 작지만 이 세상을 살아가는 데 필요한 모든 것들을 가지고 있습니다.

예 문

동물들의 동면

동물이 비활동 상태로 월동하는 일을 동면이라고 한다. 겨울잠이라고도 하는데, 추위와 먹이 부족에 대한 적응으로, 육생의 많은 변온 동물과 일부의 정온 동물에서 볼 수 있다.

개구리, 뱀, 도마뱀, 거북 등의 양서류나 파충류는 온도 변화가 작은 물 밑이나 땅 속에서 월동하는데 체온은 주위 온도와 거의 같아지고 물질대사는 저하된다.

개구리의 경우, 섭씨 8도 정도가 되면 동면에 들어가기 위하여 따뜻하고 습기가 많은 흙을 찾아 구멍을 판다. 이 때, 개구리는 뒷다리를 사용한다. 튼튼한 힘살로 이루어진 뒷다리로 흙을 양 옆으로 파헤치면서 꽁무니부터 땅 속으로 들어가는 것이다. 그 속에서 따뜻한 봄이 올 때까지 잠을 잔다.

1. 설명문은 어떤 글일까요? · 57

포유류인 박쥐, 고슴도치, 햄스터, 동면쥐 등은 거의 가사 상태로 월동하며 체온은 기온과 더불어 내려가나 어느 일정 온도 이하로는 내려가지 않는다. 긴가락박쥐는 5도, 동면쥐는 0도이다.

다람쥐, 날다람쥐, 너구리, 오소리 등은 둥지에서 동면하는데 체온, 대사는 그다지 저하되지 않고 때때로 잠을 깨서 먹이를 먹는다.

곰은 나무나 바위로 된 자연 구덩이에서 동면하는데 체온이나 대사는 거의 저하되지 않고 얕은 수면 상태로 가을에 저장한 지방을 소모하며, 암컷은 동면중에 새끼를 낳아 봄까지 먹지 않고 포유한다. 동면하는 조류는 극히 드문데, 확인된 것으로는 바위 틈에서 가사 상태로 월동하는 미국의 쑥독새류로 체온은 18도(정상은 41도)로 내려간다. 잉어, 붕어 등의 어류는 물 밑 또는 진흙탕 속에서 비활동적 상태를 유지하면서 지내는데 수온이 올라가면 먹이를 먹는다. 이밖에 대부분의 절지동물은 휴면이라는 특수한 생리적 상태에서 동면한다.

다섯째, 간결해야 합니다

글이 간결해야 한다는 것은 짧은 문장을 써야 한다는 뜻입니다. 문장이 길면 의미 전달이 부정확할 수 있습니다.

> **예문**
>
> '세살 버릇이 여든까지 간다'는 속담은 잘못된 것인데 사람은 누구나 환경에 따라서 변할 수도 있어서 제 아무리 나쁜 버릇을 가진 사람이라도 그 버릇을 반성하고 잘못을 인정할 수 있는 기회를 만난다면 얼마든지 착한 사람이 되고 다시는 그런 실수나 잘못을 저지르지 않겠다고 스스로 다짐하고 행동으로 옮길 수도 있기 때문이다.

위의 글은 전달 방법에 있어서 긴 문장을 쓴 탓에 쉽고 정확하게 전달되지 못하고 있습니다. 긴 문장을 쓰게 되면 글쓴이까지도 '내가 무슨 소리를 쓰는 거야?' 하고 생각하게 됩니다. 그렇기 때문에 간결하고 짧은 문장을 쓰는 습관을 길러야 합니다.

다음의 글들이 좋은 예입니다.

예 문

우리의 질그릇

우리는 여러 용도의 질그릇에서 선조들의 해박한 과학 지식과 위생 관념을 찾아볼 수 있다.

우선 질그릇 밥통부터 살펴보자. 현대 문명의 산물인 알루미늄 밥통이나 플라스틱 밥통은 더운 밥에서 나오는 김을 제거하지 못하여 밥을 빨리 부패시킨다. 그러나 질그릇 밥통은 통 속에 서려 있는 김을 그릇 자체가 흡수하여 신선한 밥맛을 보존하는 위생적인 그릇이다.

시루도 마찬가지이다. 알루미늄 시루는 그 벽에 김이 서려 벽면에 붙은 떡에 물기가 많은 것을 볼 수 있다.

그러나 질그릇 시루에 찐 떡에 그 맛을 비할 수 있겠는가?

또 옛날에 우리 가정의 필수품으로 쓰였던 질그릇의 하나로 질화로가 있다. 우리 민족의 소박한 정서가 깃들여 있는 이 질화로는 지금은 사라져 그 모습을 찾아보기 힘들지만, 겨울이 긴 우리 가정에서 실내 공기를 따뜻하게 해 주는 중요한 구실을 하였다. 그것은 열전도가 잘 되지 않는 질그릇의 특성을 이용한 것이다.

물독에서도 우리 선조들의 지혜로운 일면을 찾아볼 수 있다. 물독은 물 속에 섞여 있는 해로운 물질을 흡수하여 악취를 제거하고 불순물을 가라앉혀, 식수 위생에 기여하였다.

이처럼 우리 선조들이 개발하여 널리 사용한 질그릇은 오랜 세월을 통해 얻어진 경험으로 이룩된 생활 과학의 산물이다.

예문

곤충의 집

우리는 생태계라고 하면 큰 코끼리나 힘센 사자 등만 생각하지만 사실은 아주 작은 곤충들도 자연 속에서는 중요한 역할을 한다.

곤충 역시 살아 있는 생명체이며 대부분의 동물처럼 살아가는 방식이 있다. 눈에 잘 보이지도 않는 작은 곤충에게도 본능이 있는 것이다. 그 중에서 집을 짓는 기술 역시 곤충이 갖고 있는 본능이라 할 수 있다.

곤충 중에서 가장 훌륭하게 집을 짓는 곤충은 말벌이다. 어떤 말벌은 나무를 씹어 종이처럼 만들어서 집을 짓고 먹을 것을 넣어 둔다. 어떤 말벌은 진흙으로 독처럼 생긴 집을 지어서 '독 짓는 말벌'이라고 불리기도 한다.

한편 흰개미는 집 안에 햇빛이 전혀 들지 않도록 집

을 짓는다. 나무 속이나 땅 밑, 사람이 사는 집의 벽 틈이나 마루 밑처럼 따뜻하고 축축하고 어두운 곳에 짓는다. 어떤 개미들은 땅 위에 탑처럼 보이는 작은 언덕을 쌓고 그 속에서 산다.

또 귀뚜라미는 날마다 새 집을 짓는다. 새 집은 나뭇잎을 말아서 입에서 뿜어 낸 실로 나뭇잎의 두 가장자리를 이어서 짓는다.

그리고 물거미는 연못이나 개울의 밑바닥까지 내려가서 골무처럼 생긴 집을 짓는다. 그 속에다 먹이나 아기 거미가 될 알을 넣어 두고, 물 속에서 숨을 쉴 수 없기 때문에 공기가 든 거품도 넣어 둔다.

이렇듯 곤충들은 가장 효율적이고 안전하게 집을 지어 목숨을 유지하고 번식을 해 나간다. 자연의 미묘하고 신비한 조화는 바로 이렇듯 작은 생물체에서 시작되는 것이다.

예문

철새

우리는 주위에서 많은 새를 봅니다. 새 중에는 참새나 까치와 같이 늘 한 고장에 머물러 사는 텃새가 있고, 제비나 기러기와 같이 철에 따라 사는 곳을 옮기는 철새가 있습니다.

철새 중에는 여름새와 겨울새가 있습니다. 제비와 같이 여름을 우리 나라에서 나는 새를 여름새라고 하고, 기러기와 같이 겨울을 우리 나라에서 나는 새를 겨울새라고 합니다.

철새는 한 해에 두 차례씩 사는 곳을 옮깁니다. 철새는 산을 넘고 바다를 건너 아주 먼 여행을 합니다. 어떤 새는 북극에서 오스트레일리아 앞바다까지 2만여 킬로미터나 여행을 합니다.

철새들은 이동할 때에 보통 산줄기나 바닷가를 따라

서 날아갑니다. 그러나 철새 가운데에는 제비처럼 넓은 바다를 밤낮없이 날아서 건너는 새도 있습니다.

철새들이 이렇게 머나먼 여행을 해마다 두 번씩 하는 까닭은 무엇일까요? 그것은 더위나 추위를 피하여 먹이를 구하고 새끼도 치기 위해서입니다. 날씨가 너무 추운 곳에서는 새끼가 잘 자랄 수 없으므로 새끼 치기에 좋은 곳을 찾아서 이동하는 것입니다. 예를 들면, 기러기와 같이 북쪽에 사는 철새들은 그 곳의 겨울 추위가 너무 심하여 견디기가 어렵고 먹이도 구하기 어려우므로 덜 추운 곳을 찾아 이동합니다.

그런데 철새들이 이동하여 찾아가는 곳은 해마다 거의 같다고 합니다. 또 이동할 때의 길도 해마다 같다고 합니다. 지도나 나침반도 없이 해마다 같은 길로 같은 곳을 찾아갈 수 있다니 놀라운 일입니다. 더구나 어른 새뿐 아니라, 어린 새들도 마찬가지라고 하니 참 신기합니다.

철새들이 어떻게 이런 여행을 할 수 있는지에 대해서는 여러 가지 주장이 있습니다. 어떤 사람들은 철새들이 지구의 자기력을 따라 이동한다고 합니다. 또 어떤 사람들은 태양의 위치가 철새의 길라잡이가 된다고 말합니다. 바람의 방향을 이용하여 철새가 이동한다고 말하는 사람들도 있습니다. 그러나 이런 이야기들이 모두 확실한 것은 아닙니다.

지금까지 우리는 철새의 특징을 몇 가지 알아보았습니다. 철새를 더 연구해 보면 신기한 사실을 더 많이 알아 낼 수 있을 것입니다. 철새뿐만 아니라 자연의 모든 현상을 자세히 살펴보면 우리는 놀라운 일들을 많이 발견할 수 있을 겁니다.

예문

통신의 발달

우리는 방에 앉아서, 전화나 라디오나 텔레비전을 통해서, 먼 나라에서 벌어지고 있는 운동 경기나 세계 곳곳에서 일어나는 일들을 곧 알 수 있다. 이와 같이 통신의 발달은 지역간의 교류를 확대하고, 사람과 사람 사이를 연결시켜 주며 지식과 문화를 널리 보급시켜 준다.

그런데 지금과 같은 편리한 통신 시설을 가지기까지에는 많은 사람들의 끊임없는 노력이 있었다. 아득한 옛날에는 먼 곳에 있는 사람에게 알리고 싶은 것이 있어도 빨리 전하기가 어려웠다. 그래서 사람들은 서로 쉽게 알릴 수 있는 방법을 여러 가지로 연구하였다. 사람은 혼자 떨어져서는 살 수 없고, 서로 긴밀한 연락을 해야만 하기 때문이다.

최초의 통신 방법은 전해야 할 내용을 상대편에게 직

접 가서 알리는 방법이었을 것이다. 이 방법은 지금도 쓰이고 있으나, 거리가 먼 곳일 때에는 빨리 전하기가 어렵고 불편하다.

또 사람들은 산봉우리에서 불을 피워 연락을 하기도 하였다. 밤에는 횃불을 피워서 알리고, 낮에는 연기를 올려 알렸다. 이것이 봉화라는 것이다. 외적이 침입하거나 나라에 급한 일이 있을 때에 이 방법을 썼다. 지금도 우리 나라의 여러 곳에 봉화를 올렸던 봉수대 터가 남아 있다.

사람들은 전해야 할 말을 여러 가지 다른 신호로 바꾸어서 알리기도 하였다. 빨간색·하얀색의 깃발을 사용하는 수기는 이 방법의 대표적인 것이며, 오늘날의 교통 신호는 이 방법을 응용한 것이다. 또 햇빛을 거울로 반사시켜 신호를 보내는 방법도 있다.

그러나 복잡한 내용을 그대로 전하기 위해서는 직접 사람을 보내거나 편지를 화살에 매어서 쏘기도 하였다. 잘 훈련된 비둘기의 다리에 편지를 묶어 보내기도 하였다. 지금의 우편 제도는 이 방법을 발전시킨 것이다.

여러 사람의 끊임없는 연구 결과 획기적인 통신 방법이 나타났다. 1837년, 모스가 발명한 전신기가 바로 그것이다. 이것은 글자를 짧은 소리와 긴 소리로 바꾸어, 전기의 힘으로 보내는 기계이다. 전신기의 발명은 통신 방법에 커다란 혁명을 가져왔다. 먼 곳이라도 전선만 이어 놓으면, 전신기를 사용하여 전하고자 하는 내용을 빠르게 알릴 수 있게 되었다. 그리고 1876년에는 벨이 전신기보다 사용하기 편리한 유선 전화를 발명하였다.

전신기와 유선 전화는 대단히 편리한 통신 수단이기는 하지만, 송신기와 수신기를 전선으로 잇지 않으면 소식을 전할 수 없었다. 그래서 전선이 없어도 통신할 수 있는 방법을 연구하였다. 1895년, 마르코니는 전파로 송신할 수 있는 무선 전화를 발명하였다. 통신에 전파를 이용하면서 복잡한 내용을 먼 곳에 빨리, 그리고 정확하게 전할 수 있게 되었다. 그리하여 세계에서 일어나는 일을 바로 알려 주는 통신사도 세워졌다.

또 한꺼번에 수많은 사람이 수신기를 통하여 소리를

1. 설명문은 어떤 글일까요? • 71

들을 수 있는 방법도 개발되었다. 이것이 라디오 방송이다. 라디오 방송은 새로운 소식은 물론 오락과 교양에 관한 다채로운 내용을 전파로 보내 주고 있다.

사람들의 연구는 여기에서 그치지 않았다. 그 결과 글자나 사진을 전파로 보내 주는 방법도 나타났다. 오늘날 전송 사진을 보거나 텔레비전을 시청할 수 있는 것은 이 전파를 통해서이다. 더구나 모든 것을 원색 그대로 생생하게 볼 수 있는 천연색 텔레비전 방송도 가능하게 되었다. 한 걸음 더 나아가 인공 위성을 이용하여 먼 거리에도 소리와 그림을 동시에 여러 지역에 직접 전할 수 있게 되었다. 그리하여 서울에서 개최된 올림픽의 모습을 전세계 사람들도 함께 볼 수 있었던 것이다.

이와 같이 통신은 발달을 거듭하여, 세계는 이웃같이 좁아져 서로의 생활을 더 잘 이해할 수 있게 되었다. 통신은 우리의 문화 생활을 넓히고, 지역간의 거리를 좁혀서 전 인류를 친근한 지구 가족으로 만들고 있다. 앞으로도 통신은 더욱 발달할 것이다.

2 설명문과 논설문의 차이는 무엇일까요?

어린이 여러분이 가장 혼란스러워하는 부분은 설명문과 논설문의 차이입니다.

쉽게 말해서 설명문은 자신이 알고 있는 어떤 사실이나 지식을 알기 쉽게 설명하는 글이고, 논설문은 어떤 사실에 대해 자신의 주장을 설득력 있게 쓰는 글입니다.

그러므로 논설문의 목적은 설득이고, 설명문의 목적은 이해라고 할 수 있습니다.

예문을 통해 설명문과 논설문의 차이를 알아보겠습니다.

아래 글들은 같은 글감으로 쓴 글이지만 글의 종류가 다르므로 내용도 확연히 달라집니다.

먼저 〈일제의 식민통치〉라는 글감으로 써 본 설명문과 논설문입니다. 읽으면서 그 차이를 확인해 보세요.

설 명 문

1910년 8월 29일 일본은 강압적으로 한국의 통치권을 빼앗았다.

대한 제국이 멸망한 이후 1945년 8월 15일까지 일제 하의 식민 통치를 받았던 것이다. 일제 36년은 한국 민족의 장구한 역사상 단 한 번 있었던 민족의 정통성과 역사의 단절 시기였다.

일본은 우리 나라를 통치하면서 많은 만행을 저질렀다. 토지와 재산을 몰수하는 것은 물론, 강압적으로 신사참배를 하거나 창씨개명을 하게 하여 민족성을 단절시키려 하였다. 그뿐 아니라 젊은이들은 학도병으로, 여자들은 위안부로 끌고 갔다.

논설문

1910년 8월 29일, 이 날은 우리 역사상 가장 치욕스러운 날이었다. 일본이 강제적으로 우리 나라를 빼앗은 것이다. 죄 없는 백성들은 일본의 노예가 되어 학도병에 끌려가거나 위안부로 끌려가 수모의 생활을 해야만 했다. 어디 그뿐인가. 한글을 쓸 수 없었고, 내 이름을 버젓이 놔두고 일본 이름을 지어 불러야만 했다.

오늘날 이 땅의 젊은이들은 일본 문화를 앞다투어 받아들이고 모방하고 있다. 학용품에는 일본 연예인의 사진이 붙어 있고, 거리에는 일본의 패션 잡지에서 불쑥 튀어나온 듯한 사람들로 붐빈다. 해방은 되었으나 이제 우리 나라는 다시 일본의 문화적 식민지가 되어 가고 있다. 일본 연예인을 좋아하고, 그들의 옷차림을 따라하기 앞서 얼마나 비판적으로 판단하고 결정했는지 스스로에게 물어 보아야 할 것이다.

이번에는 〈어린이의 교육〉을 글감으로 한 설명문과 논설문입니다.

설명문

어린이들은 나라의 미래이다. 그 어린이들에게 교육은 가장 중요한 부분이다.

어린이의 교육은 크게 세 가지로 이루어진다. 가정 교육, 학교 교육, 그리고 사회 교육이 그것이다.

가정 교육은 가족끼리 살아가면서 자연스럽게 이루어지는 교육이다. 어른에 대한 공경, 형제끼리의 예의 등을 통해 어린이는 삶에서 가장 기본적인 것들을 배워 간다.

학교 교육은 체계적·전문적으로 이루어지는 교육이다. 같은 나이 또래의 아이들과 어울리면서 한 명의 어린이는 점점 어른이 되어가게 된다. 그뿐 아니라 교과서 위주의 학습을 통해 사회 구성원으로서 할 수 있는 것들을 준비하게 된다.

마지막으로 사회 교육은 가정 교육과 학교 교육을 포함하는 전반적인 교육을 의미한다. 사회는 개인에게 끊임없이 구성원으로서 지켜야 할 도덕, 예절, 규범 등을 가르치고 어린이는 자신도 모르게 그러한 것들을 배워 나가게 되는 것이다.

　　어린이가 어른이 되는 과정은 쉽지만은 않다. 하지만 이 과정은 누구에게나, 그리고 언제든 한 번쯤 거쳐야 하며, 그만큼 소중한 것이기도 하다.

　　순수한 마음을 가진 어린이가 이 사회에 필요한 어른이 되기 위해서는 위에서 열거한 가정 교육, 학교 교육, 사회 교육이 적절히 조화를 이루며 나아가야 한다.

2. 설명문과 논설문의 차이는 무엇일까요?

논 설 문

요즘 어린이들은 너무 바쁘다. 어린이들의 과외 수업은 보통의 중·고등학생들만큼 빠듯하고 벅찬 것이다. 공부할 시간도 부족하니 당연히 친구들끼리 노는 것은 가볍게 취급되고 만다. 하지만 어린이들에게는 공부만큼이나, 아니 공부 이상으로 놀이 역시 중요하다.

만약에 어린이들에게 공부의 중요성만 일깨워 주고 노는 방법을 가르치지 않았을 때 어떤 일이 벌어지겠는가.

아이들에게 놀이란 긍정의 세계이다. 놀이를 싫어하는 어린이는 한 명도 없다. 반면에 공부는 긍정이라고 말할 수 없다. 물론 공부를 즐겁게 하는 아이들도 있겠지만 대다수의 어린이들은 공부란 지겨운 것이라는 선입견을 갖고 있으며 실제로 지겨워하고 있다. 그러므로 공부란 일종의 부정의 세계이다. 그 부정의 세계가 차지하는 비율이 많으면 많을수록 아이들은 긍정할 줄 모르는 성격이 될 수밖에 없는 것이다.

2. 설명문과 논설문의 차이는 무엇일까요?

그러므로 어린이의 놀이도 공부만큼 중시해야 한다. 놀 때 놀고, 공부할 때 공부할 줄 아는 어린이가 많을 때 그 나라의 미래가 밝아지는 것이다.

3 설명문을 쓰기 전에 무엇을 먼저 생각해야 될까요?

어떤 사실이나 사물에 대해 글을 쓰려면 우선 그것에 대한 지식이 많아야 합니다. 만약 전혀 모르고 있는 사실을 대충 짐작으로 쓰게 된다면 전혀 설득력이 없는 글이 되고 말 것입니다.

좋은 설명문은 마치 선생님이 학생들 앞에서 알아듣기 쉽게 설명하듯 쓴 글입니다. 선생님이 전혀 알지 못하는 사건이나 사물에 대해 설명을 하게 된다면 학생들에게 아무 도움도 되지 못할 것입니다.

그러므로 설명문을 쓰기 전에 무엇보다 중요하게 생각하고 준비해야 할 것은 정확한 정보를 풍부하게 모아야 한다는 것입니다.

설명문을 쓰기 전에는 다음과 같은 사항들을 미리 염두에 두어야 합니다.

첫째, 누구에게 무엇을 어떻게 설명할 것인가를 우선 생각합니다.

둘째, 관련 자료를 충분히 모읍니다.

셋째, 단계별로 계획을 세웁니다.

넷째, 쉽고 간결한 문장을 생각해 둡니다.

다음 예문으로 든 설명문에서 글쓴이는 과연 어떤 정보를 제공하고 있는지 파악해 보세요.

예문

씨름은 우리 고유의 놀이이자 스포츠이다. 지금도 텔레비전에서 가끔씩 볼 수 있지만, 예전에는 마을의 경사스런 행사이기도 했다.

추석이 돌아오면 각처에서 씨름판이 벌어진다. 씨름은 아득한 옛날부터 있어 왔고, 지금은 당연한 운동 경기 종목으로서 어린이와 청소년들에게 권장되고 있다.

씨름판에는 왼씨름, 오른씨름, 띠씨름의 세 가지가 있었다. 왼씨름은 샅바를 오른쪽 다리에 걸고 오른쪽 어깨를 마주 대며 하는 씨름이고, 오른씨름은 샅바를 왼쪽 다리에 걸고 상대방과 왼쪽 어깨를 마주 대고 하는 씨름이다. 띠씨름은 허리에 띠를 매고 그것을 잡고 하는 씨름이다. 이 중 왼씨름은 전국적으로 퍼져 있으나, 오른씨름은 주로 경기도와 전라북도에서 많이 하고, 띠씨름은 충청도에서 많이 해 왔다. 그러나 지금은 바른씨름 하나로 통일되었다.

씨름은 두 사람이 마주 꿇어앉아서 서로 상대방의 허

3. 설명문을 쓰기 전에 무엇을 먼저 생각해야 될까요? · 83

리와 다리를 걸어 잡고 있다가 심판의 구령에 따라 일시에 일어나 서로 잡은 채로 겨루는 경기인데, 먼저 넘어지거나 손이나 무릎이 땅에 닿으면 지는 것이다. 이렇게 걸어 잡은 채로 겨루기 때문에 배지기, 등치기, 낚시걸이, 무릎치기, 꼭두잡이, 허리꺾기 등 상대방을 걸어 잡고 몸이나 손발을 쓰는 기술들이 많이 발달하였다.

씨름은 추석뿐만 아니라 단오와 농한기에도 성행했는데, 씨름판에서의 최후의 승리를 '판막음' 또는 '판막이'라고 하고 판막음을 한 사람에겐 흔히 황소 한 마리를 상으로 주었다.

지금까지 우리의 전통 놀이이자 스포츠인 씨름의 종류, 방법, 흥행하던 시기 등에 대해 알아보았다. 축구나 농구 같은 외국 스포츠에 밀려 우리의 씨름은 점점 하품만 나는 의례적인 행사로 여겨지고 있으나 그것은 처음부터 관심을 갖지 않았기 때문이다. 씨름의 종류나 방법을 정확히 알고 있다면 씨름도 농구나 축구만큼 재미있는 스포츠가 될 수 있을 것이다.

예문

　북극과 남극은 이 지구 위에서는 가장 기후의 변화가 단순한 지역이다.

　북극은 육지와 섬으로 둘러싸인 바다로 된 빙하인 데 비하여, 남극은 육지로만 된 빙하이다. 북극을 중심으로 한 지방은 물 위에 뜬 커다란 얼음 덩어리로, 그 표면은 대평원처럼 되어 있다. 남극 지방은 평균 1,600m나 되는 두꺼운 얼음이 대륙을 뒤덮고 있다. 어떤 곳은 두께가 4,000m나 되는 얼음에 덮여 있기도 하다.

　또한 남극과 북극에는 백야 현상이 나타나기도 한다. 북극에 여름이 오면, 태양은 북극의 머리 위쪽에 떠 있다가 북극의 지평선 쪽으로 내려온다. 그러나 지평선 아래로 내려가지 않고 다시 떠오른다. 이것은 지구의 축이 23.5° 기울어져 있기 때문이다.

　이렇게 해서 북극과 남극에서는 해가 지지 않는 날이 여섯 달이나 계속되는데, 이를 백야라고 한다.

이렇듯 남극과 북극은 얼음으로 뒤덮여 있고, 백야 현상까지 나타나 생명체가 살아가기에는 어려움이 많다. 그러므로 자연 현상을 견디고 극복할 수 있는 적은 수의 동물과 식물만이 살 수 있는 것이다.

예문

　모든 글에는 주제와 소재가 있다. 주제는 글의 뼈대이며, 소재는 이 뼈대를 이루는 세세한 장식이라고 비유할 수 있다.

　한 편의 글에는 지은이가 나타내고자 하는 중심 생각이 들어 있다. 이 중심 생각을 주제라 한다. 또 글에는 주제를 나타내기 위하여 사용한 여러 가지 자료들도 있다. 이런 자료들을 소재라 하고, 소재 중에서 가장 중심이 되는 것을 중심 소재라고 한다. 중심 소재는 다른 말로 제재라고도 한다.

　소재는 글을 이루는 자료로서, 글을 읽을 때에 비교적 쉽게 파악된다. 그러나 주제는 글에 명료하게 드러나 있는 경우도 있지만, 글 속에 숨어 있는 경우도 있어서 파악하기가 쉽지 않다.

　글을 읽을 때에 그 글의 주제를 파악하려 하는 것은 곧 글의 핵심을 파악하는 것이며, 더 나아가 지은이가 글을 쓴 의도를 파악하는 것이기 때문이다. 또한 소재

3. 설명문을 쓰기 전에 무엇을 먼저 생각해야 될까요?

는 주제를 파악하는 데 도움이 된다.

　글 속에서 주제와 소재를 파악하는 것 없이 읽는 것은 생각 없이 글씨만 읽는 것과 같다. 글을 자기화하기 위해서는 무엇보다 주제와 소재 파악이 필요하다.

4 설명문은 어떻게 써야 할까요?

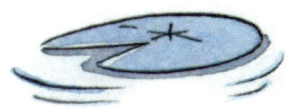

설명문은 동화나 동시처럼 감동을 주기 위한 글이 아니라 지식을 전달하고자 하는 글이므로 무엇보다 짜임새 있게 써야 합니다. 그래야만 읽는 이가 쉽게 이해할 수 있기 때문이죠.

설명문의 짜임은 크게 처음, 가운데, 끝맺음 부분으로 구성됩니다. 구성 단계에 따라 필요한 사항들을 매끄럽게 써 주어야 전체적인 글의 맥락이 부드럽습니다.

다음 표는 구성 단계에 따라 써 주어야 할 사항을 요약한 것입니다.

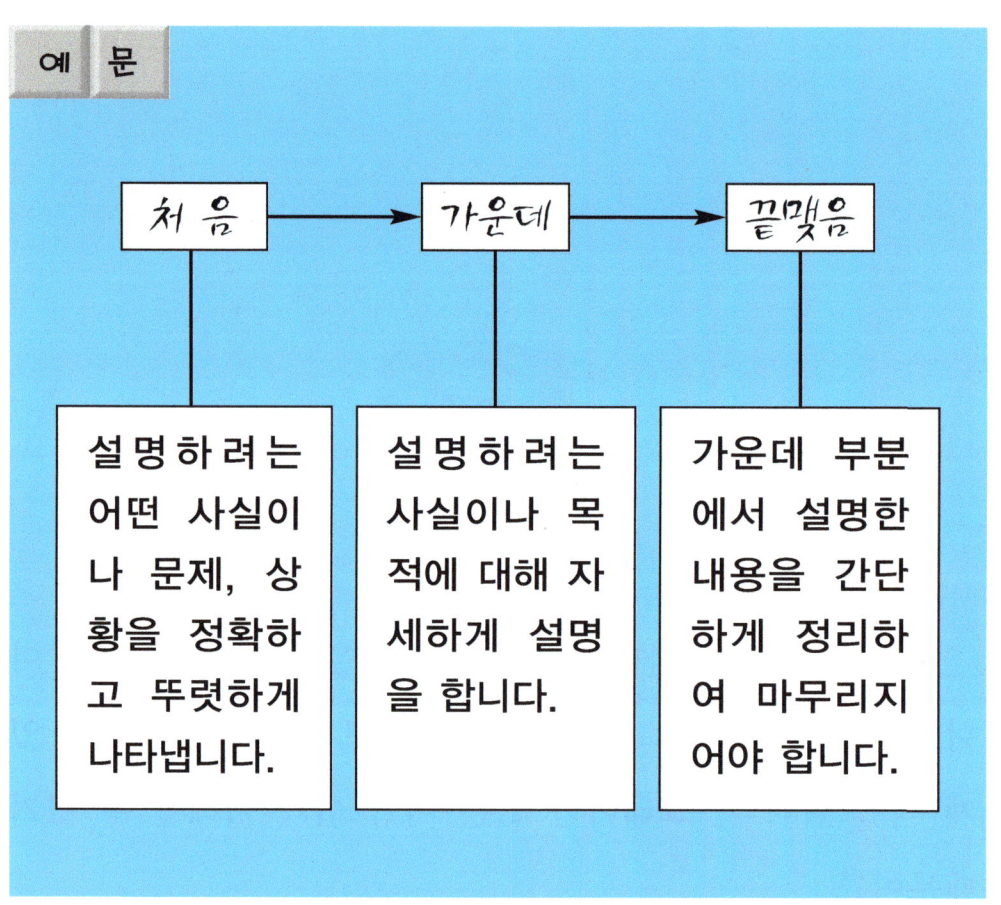

구성 단계에 따른 필요한 항목을 이해했다면, 이제 그 구성 단계에 따라 설명하려는 요점을 정리해야 합니다. 설명하려는 문제에 대해 어떤 방법으로 내용을 설명할 것인지 체계적으로 적어 둡니다.

　예를 들어 〈독서의 방법〉이라는 제목으로 설명문을 쓴다고 생각해 보세요. 처음, 가운데, 끝맺음 부분에 각각 어떤 내용의 글이 들어가야 하는지 미리 생각해 두고 글을 써야 합니다. 글을 쓰기 전 표를 만들어 계획을 세운다면 효과적입니다.

　〈독서의 방법〉이라는 설명문의 계획표는 다음과 같이 짤 수 있습니다.

예문

단계	내용	중심말
처음 부분	• 설명하려고 하는 내용	책의 종류가 많은 만큼 독서의 방법도 다양합니다.
가운데 부분	• 독서의 방법	대표적인 독서의 방법에는 정독, 통독, 속독 등이 있습니다.
	• 독서 방법의 장·단점	각각의 독서 방법에는 장·단점이 있습니다.
끝맺음 부분	• 요약	독서 방법을 제대로 익히면 책의 종류와 상황에 따라 알맞은 방법으로 읽을 수 있으므로 좋습니다.

이제 각 부분에 따른 구체적인 내용을 적어 보도록 하겠습니다. 어떻게 글이 이어지는지 지켜보세요.

첫째 : 처음 부분

처음 부분에서는 무엇에 대하여 쓸 것인가를 밝힙니다. 그러기 위해서는 앞으로 말하고자 하는 바의 중요성을 강조하는 것도 필요합니다.

구체적으로 독서 방법은 다양하다는 것과 왜 책에 따라 다른 방법으로 읽는 것이 좋은지 언급해 줍니다.

> **예문**
>
> ### 독서의 방법
>
> 우리는 생활하면서 무수히 많은 책을 읽습니다. 한 권의 책은 한 사람의 삶에 지대한 영향을 미칩니다.

> 책의 종류가 많은 만큼 그에 따른 독서의 방법도 다양합니다. 독서의 방법을 익혀 둔다면 책에 따라 읽는 방법을 달리하여 효율적인 독서를 할 수 있습니다.

둘째 : 가운데 부분

가운데 부분에서는 설명하려 하는 내용을 자세히 밝힙니다. 그리고 어떤 사실과 그 사실에 대한 충분한 설명을 해 주고, 예시도 많이 보여 줍니다.

〈독서의 방법〉의 가운데 부분에서는 본격적으로 독서의 방법을 하나하나 설명해 주면 좋습니다. 또한 각 독서 방법에 따른 책의 종류와 장·단점도 말해 줍니다.

예 문

> 대표적인 독서의 방법에는 정독, 통독, 속독 등이 있습니다.

정독은 한 마디로 자세히 읽는 방법입니다. 문장 한 줄 한 줄, 단어 하나하나 세세히 읽어 내려가는 것이죠. 전문적인 책이나 어려운 학술서 같은 경우에는 정독이 효과적입니다. 비슷한 말로 숙독이 있습니다.

정독보다는 자세히 읽진 않지만 처음부터 끝까지 빠짐 없이 읽어 내려가는 독서 방법은 통독이라고 합니다. 소설책이나 동화책, 위인전 등은 통독으로 읽는 것이 좋습니다.

최대한 빨리 읽어 가며, 전체적인 글의 맥락만 이해할 수 있도록 하는 독서 방법은 속독입니다. 시간이 없거나 내용이 쉬워서 빨리 읽어도 별 문제가 없을 경우 속독을 하면 좋습니다.

이외에도 속으로 읽으면 묵독, 소리내어 읽으면 음독이라고 합니다.

각각의 독서 방법에는 장·단점이 있습니다. 정독이나 통독은 자칫하면 글의 전체적인 흐름을 이해하지 못할 수 있고, 속독은 세부적인 내용을 알지 못한 채 지나갈 수 있기 때문입니다.

셋째 : 끝맺음 부분

끝맺음 부분에서는 앞에서 설명한 내용을 간추려서 마무리해 줍니다. 또한 글에 따라 지은이의 의견을 넣기도 하는데, 지나치게 주관적이거나 강요하는 투가 되어서는 안 됩니다.

'독서의 방법'이라면 책의 종류와 상황에 따른 독서 방법 선택의 중요성을 정리하여 밝힙니다.

> **예 문**
>
> 이처럼 독서 방법에는 여러 가지가 있으며 그에 따른 장·단점도 있는 것입니다. 독서 방법을 제대로 익히면 책의 종류와 상황에 따라 알맞은 방법으로 읽을 수 있어서 좋습니다. 특히 어린이 여러분에게는 필요한 자세입니다.

이상 각 부분에 따른 예문을 이으면 〈독서의 방법〉이라는 제목을 가진 한 편의 설명문이 됩니다.

5 설명하는 방법은 어떻게 선택해야 할까요?

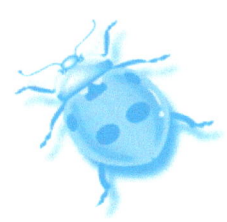

　설명문은 설명을 자세히 하여 읽는 사람이 쉽게 이해를 할 수 있도록 하면 됩니다.
　이해를 도와 주는 방법에는 정확하고 풍부한 정보를 제공해 주는 것 이외에도, 같은 정보라도 표현 방법을 다양하게 사용하는 것도 좋은 방법입니다. 다양한 표현 방법은 이해를 쉽게 할 수 있도록 도와 줍니다.

첫째 : 대조와 비교의 표현 방법

　대조는 두 가지 이상의 대상을 견주어 그 차이점을 밝혀서 설명하는 방법입니다. 한편 비교는 비슷한 점 위주로 설명하는 방법입니다. 두 가지 이상의 대상을 견준다는 점에서는 같지만 하나는 차이점 위주이고, 다른 하나는 유사점 위주라는 점에서 반대되기도 합니다.
　다음 예문 중 앞의 것은 대조의 설명 방법이고 뒤의 예문은 비교의 설명 방법입니다.

대 조 의 방 법

　신문과 텔레비전은 모두 대중 매체로서 여러 종류의 다양한 정보를 제공하여 준다. 신문 한 부 속에는 정치, 경제, 사회, 문화 소식에서부터 만화, 이야기 등의 오락과 광고에 이르기까지 세상을 살아가는 데 필요한 여러 가지 정보가 담겨 있다. 텔레비전도 이런 면에서는 신문과 같다.

비 교 의 방 법

　그러나 신문은 인쇄 매체이고, 텔레비전은 영상 매체이다. 신문이 텔레비전에 비해 비록 신속하고 생생하게 보도하는 기능은 뒤떨어지나, 정보의 기능은 비할 바 없이 자세하고 해설 기능이 뛰어나다. 또 순간적인 화면에 의존하는 텔레비전보다 정보를 오래 보존할 수 있으며, 언제 어디서나 쉽게 접할 수 있는 장점이 있다.

그렇다면 다음 예문은 비교와 대조 중 어떤 표현 방법을 주로 이용했을까요?

예문

동물 가운데에서도 여우는 꾀가 많은 짐승으로 알려져 있다. 이 점 때문에 여우는 우화나 이야기에 자주 등장한다. 그래서 여우는 우리에게도 그리 낯설지 않은 동물이다. 그런데 실제로 여우를 자세히 관찰해 본 어린이들은 그다지 많지 않을 것이다.

여우는 개와 아주 비슷한 모습을 하고 있는데, 개보다 몸이 더 홀쭉하고 다리는 가늘고 짧은 편이다. 여우의 털 빛깔은 붉은 빛을 띠는 갈색, 또는 누런 빛을 띠는 갈색이 대부분이다.

여우는 꾀가 너무 많은 나머지 성질이 교활하다는 평을 받기도 한다. 또한 여우의 털과 가죽은 겨울철에 추위를 막아 내기 위해 사람들의 목도리로 이용되기도 한다.

5. 설명하는 방법은 어떻게 선택해야 할까요? · 103

예문

김홍도와 신윤복은 조선 후기 대표적인 화가였다. 두 사람은 둘 다 당시의 풍속을 그리던 풍속 화가로도 유명하였다.

하지만 같은 풍속도라고 하더라도 두 사람의 그림에는 많은 차이가 났다.

우선 김홍도의 그림이 남성적이고 평면적이며, 삼베 옷이나 모시옷 같은 그림이라고 한다면, 신윤복의 그림은 여성적이고 귀족적이며, 비단 옷 같은 그림이라고 할 수 있다. 이러한 차이는 김홍도가 평민들의 삶을 주로 그린 데 반해, 신윤복의 그림이 상류층의 생활을 대상으로 하고 있다는 점 때문이기도 하겠지만, 신윤복의 그림이 김홍도의 그림에 비해서 선의 힘보다는 색채가 가지는 미적 효과를 표현하는 데 중점을 두었기 때문이다.

둘째 : 분석의 표현 방법

분석은 설명하고자 하는 대상의 구성 요소를 하나하나 나누어 설명하는 방식입니다. 다음 예문이 이를 잘 보여 줍니다.

> **예 문**
>
> 시계는 태엽, 톱니바퀴, 시침, 분침 등으로 이루어진다. 태엽은 시계가 움직일 수 있도록 에너지를 공급하고, 톱니바퀴는 다시 이 에너지를 시침과 분침으로 전달한다. 또한 시침은 시 단위의 시간을, 분침은 분 단위의 시간을 가리키는 구실을 한다.

셋째 : 예를 들어서 글의 뜻을 분명히 해 주는 표현 방법

이러한 방법을 예시라 하는데, 예시란 구체적인 예를 들어 이해를 도와 주는 방법입니다.

다음 예문을 읽어 보세요.

> **예문**
>
> 한복의 또 하나의 특징은, 입는 이의 연령이나 성별, 또는 상황에 따라 의복의 색깔이나 모양을 달리하는 것이라 할 수 있다.
>
> 예를 들면, 결혼하지 않은 여자는 노랑 저고리에 다홍 치마를 입었고, 결혼한 젊은 여자는 연두색 회장 저고리에 다홍 치마를 입었다. 나이 든 여자는 남치마에 옥색 회장 저고리를 입었다. 자주 고름은 남편이 있는 여자들만 맬 수 있었고, 아들이 있는 여인네들은 남색 끝동이 있는 저고리를 입었다. 상제는 소복을 입었고, 제사 때에는 옥색 치마 저고리를 입어야 하기 때문에 시집가는 새댁은 반드시 준비해야 했다. 명절에 차례를 지낼 때에는 너무 화려하지 않은 색으로 평소에 입던 한복을 입으면 되었다.

> **예문**
>
> 바다의 생산성은 육지보다 훨씬 높다. 플랑크톤은 하루에 한 번씩 수확할 수 있고, 미국 캘리포니아 연안에서 자라는 자이언트 켈프라는 해조는 하루에 60센티미터씩 자란다. 또한 고래도 3~4년이면 다 자라 큰 고래가 된다.

넷째 : 기준에 따라 분류하거나 특수한 것끼리 묶는 표현 방법

다음 두 개의 예문중 위의 것은 사람이 먹을 수 있는 풀과 먹을 수 없는 풀을 분류시켜 놓음으로써 들판에 나는 잡풀에 대해 이해를 쉽게 할 수 있도록 하였습니다.

아래의 예문 역시 시를 내용과 형식으로 구분하여 나눔으로써 시에 대한 전체적인 이해를 도와 주고 있습니다.

예문

　들판에서 자라는 많은 식물들은 사람들이 먹을 수 있는 종류가 많습니다. 하지만 먹어서는 안 되는 풀도 있습니다.
　민들레, 씀바귀, 미나리, 참쑥, 질경이 같은 종류는 먹을 수 있지만 며느리밑씻개, 여뀌, 쇠뜨기, 도깨비풀 등은 먹을 수가 없습니다.

예문

　시는 내용과 형식을 기준으로 나눌 수 있다. 시를 서정시·서사시·극시로 구분하는 것은 내용을 기준으로 한 것이고, 자유시·정형시로 구분하는 것은 형식을 기준으로 한 것이다.

다섯째 : '무엇은 무엇이다'라는 식으로 풀이해서 쓰는 표현 방법

이러한 설명 방법을 '정의'라고 합니다.
정의를 이용한 설명 방법을 참고하세요.

> **예 문**
>
> 　글감이란 글의 재료가 되는 사물이나 생각, 느낌 등을 말합니다. 우리가 '무엇'에 대해 쓰고 싶다고 할 때, 그 '무엇'이 글의 주제도 되지만 글감이 되기도 합니다.
> 　글감을 다른 말로 소재라고도 합니다.

> **예문**

　멀티미디어란 정보 전달을 위해 음성, 문자, 그림, 영상 등의 여러 매체들을 종합적으로 생성, 저장, 가공, 전송, 분배하는 데 쓰이는 각종 제품 또는 기술을 말한다.

　멀티미디어 매체들은 실제의 영상과 소리를 취급하기 때문에 정보의 양이 엄청나고 이들 자원을 처리하기가 복잡하고 까다롭다. 멀리 떨어져 있는 사람들 간에 얼굴을 보며 대화를 할 수 있는 영상 회의가 가능해졌다. 또 가상 현실은 화면을 통해 컴퓨터에서 만들어 낸 세계로 들어가는 모의 시험으로 사용자가 현실 세계처럼 착각하도록 하는 기술이다. 실제 상황에서 발생할 수 있는 사고, 고장에 대해 미리 체험할 수 있으므로 적은 비용과 시간으로 다양하고 현장감 있는 교육 기회를 제공할 수 있다.

이제 몇 편의 설명문을 제시해 드리겠습니다. 읽고 구성 단계를 나누어 본 후, 주제를 찾아 보세요. 그리고 어떤 표현 방법으로 여러분의 이해를 돕고 있는지 파악해 보세요.

예 문

효도

효도의 뜻을 사전대로 풀면 '효행의 도'가 됩니다. 그러나 이렇게 풀어 보아도 아직은 막연하기만 합니다. 그것은 효행이 무엇이며 도는 무엇인가에 대해 잘 모르기 때문입니다.

사전대로라면 효행은 부모를 섬기는 일상의 행동을 말하고, 도는 여러 가지 뜻으로 통하지만 효행을 앞세웠을 때는 부모 섬기는 일쯤이 됩니다. 이를 마무리하면 효도란 부모를 공경하여 섬기며 이를 덕으로 알고 좇는다는 것이 됩니다.

모두들 효도를 입으로는 떠들어 댑니다. 그러나 부모를 입으로 섬길 수 없듯이, 효도는 마음과 몸으로 실천하는 것입니다. 마음으로 부모를 공경하고, 그 존경하는 마음을 좇아 몸으로 실천하는 것이 효도이기 때문입니다.

그 때문에 효도는 마음만 가지고 되는 것도 아니고, 그렇다고 몸만 가지고 되는 것도 아닙니다. 몸과 마음을 다 바쳐 부모를 섬겼을 때만이 효도를 했다고 할 수 있는 것입니다. 그런데도 요즘 사람들은 효도를 입으로만 뇌고 있습니다.

이와 같이 효도는 마음으로부터 우러나오는 효심으로 받들어서, 부모님이 항상 즐거운 삶이 되도록 몸과 마음을 다해 섬기는 자식된 도리이며 덕의 실천이라고 할 수 있습니다.

5. 설명하는 방법은 어떻게 선택해야 할까요? • 115

예문

강강술래

　우리의 전통 민속놀이 중에서 가장 친근한 놀이는 강강술래일 것이다.

　강강술래라고 불리는 말의 본디말은 강강수월래로서 영·호남 지방의 부녀자들이 손에 손을 잡고 둥글게 돌면서 춤에 맞춰 부르던 노랫말이자 매김 소리이다.

　즉 매년 정월 대보름이나 8월 한가위 때면 동네 아낙들이 모여 손에 손을 잡고 빙빙 마당을 돌며 춤을 추었는데, 이때 강강술래란 춤에 맞춰 부르던 노랫말이기도 하고 매김 소리이기도 했다는 것이다.

　강강술래의 유래는 세 가지 정도가 있다.

　첫째, 임진왜란 때 성웅 이순신 장군이 왜적에게 위세를 보이고 적군이 상륙하는 것을 감시하기 위하여 곳곳마다 불을 놓고 이 춤을 추게 했다는 설이 있다.

5. 설명하는 방법은 어떻게 선택해야 할까요?

둘째, 역시 이순신 장군이 임진왜란 때 위기에 처한 국난을 극복할 양으로 민심을 추스려 한마음이 되게 하기 위하여 이 노래를 지어 처녀나 나이 젊은 부녀자들에게 부르게 했다는 설이 있다.

셋째, 고려 때 진주 근처의 한 산골 농부 김수월이 진주 목사에게 사랑하는 아내 세루화를 빼앗기고 분에 못 이겨 자살했는데, 그 원통한 혼을 달래기 위해 굿을 하였고, 바로 그 굿에서 강강술래가 발생했다는 설이 있다.

강강술래의 정확한 유래는 아직까지 밝혀지진 않았다. 하지만 하나의 원을 만들며 강강술래를 읊었던 우리 조상들의 멋과 풍류는 그 자체로도 충분히 가치 있다고 할 수 있을 것이다.

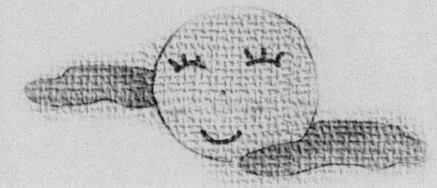

예문

청어

경골어류인 청어는 바닷물고기이다. 몸길이는 약 35cm이다. ≪재물보≫에 청어의 별칭을 누어라 하였고, ≪자산어보≫에는 청어라 하였다.

몸 빛깔은 담흑색에 푸른빛을 띠고 있으며 배는 은백색이다.

대체로 정어리와 구별하기가 어려울 정도로 체형이 비슷하나 아가미뚜껑뼈에 방사상의 융기선이 없고 꼬리에 특수화된 비늘이 없으며, 옆구리에 검은 점이 없다는 것들로 구별이 된다.

배지느러미와 뒷지느러미 사이의 배 쪽에 능린이 있고 눈에 지검이 있다. 아래턱이 위턱보다 약간 돌출되어 있다.

양쪽 턱에는 작은 이빨이 있고 혀와 서골에도 각 두

줄의 좁은 이빨띠가 있다. 옆줄은 잘 보이지 않는다.

비늘은 떨어지기 쉬운 둥근 비늘로 되어 있다.

대표적인 한 대서 어류로 3월 하순부터 수온이 4~5도 가까이 올라가면 성숙한 성어는 깊은 바다로부터 연안의 해조류가 무성한 암초가 있는 얕은 연안 또는 내만에 떼를 지어 몰려오고, 그 곳에서 12~4월에 알을 낳는다.

알은 침성점착란으로 해조류 및 기타 물체에 붙어 있다. 한해성 어류로서 일찍부터 산업적 가치가 높은 수산자원으로 세종실록 지리지와 신증동국여지승람 등에 전국의 연안에서 어획되었던 것으로 기록되어 있다.

1920년까지는 서해의 충남 연해 및 황해도 영흥만에서 대량으로 청어가 어획되었으며, 동해안 영일만 일대가 주산란장이었으나 남획으로 인하여 50년경부터 회유해 오지 않게 되었다. 한국, 일본, 중국의 북부, 북태평양, 아시아, 북아메리카의 동·서양, 북빙양, 태평양 연안에 분포한다.

예문

말의 소중함

사람은 누구나 말과 더불어 살아간다. 말은 우리 생활에서 없어서는 안 되는 참으로 소중한 것이다.

우리는 아침에 눈을 뜨는 순간부터 말을 하면서 하루의 생활을 시작한다.

"아, 잘 잤다."

"날씨 참 좋구나!"

이 말을 곁에 있는 동생에게 할 수도 있고, 아무도 없을 때에는 혼잣말로 할 수도 있다.

우리는 또 매일 어른들께 인사를 드리고 학교에 간다. 이 때의 인사도 말로 한다.

"아버지, 학교에 다녀오겠습니다."

"어머니, 학교에 다녀오겠습니다."

그러면 아버지, 어머니께서도 말로 대답을 하신다.

"그래, 잘 다녀오너라."

학교에 가면 친구들을 만나 서로 이야기를 나눈다. 물론 이야기도 말로 나눈다.

"어제 텔레비전에서 만화 영화 봤니?"

"아니, 난 동생하고 비행기를 만드느라고 보지 못했어."

공부를 할 때, 우리는 책을 읽는다. 책은 글자로 되어 있는데, 글자를 소리내어 읽으면 말이 된다. 곧 책을 읽는 것도 사실은 말을 하는 것이 된다. 또 선생님께서는 말로 우리를 가르치신다. 말이 없으면 선생님께서 가르치실 수 없고 우리는 배울 수 없다. 이와 같이 우리는 말과 함께 말을 사용하여 생활한다.

사람의 생각이나 느낌은 얼굴 표정으로 나타낼 수도 있고, 몸짓으로 나타낼 수도 있다. 그러나 이러한 방법으로는 생각이나 느낌을 샅샅이 다 나타내기 어렵다. 대부분의 경우는 말을 사용해야만 생각이나 느낌을 자세하게 나타낼 수 있다. 그렇기 때문에 사람들이 있는 곳에는 어디에나 말이 있게 마련이다.

5. 설명하는 방법은 어떻게 선택해야 할까요? 123

우리가 알고 있는 지구에는 수많은 나라가 있으며, 나라마다 서로 다른 말이 쓰이고 있다. 그리고 여러 나라의 말에는 그 나름의 특색이 있다. 왜냐하면, 나라마다 생각이나 느낌을 표현하는 방법이 각기 다르기 때문이다.

우리 나라에는 우리말이 있다. 우리말도 다른 나라의 말과는 다른 특색이 있다. 수천 년을 사용해 오는 동안, 우리 나라 사람들의 생각과 느낌이 우리말 속에 깊숙이 스며들었기 때문이다.

우리말에는 웃어른을 존경하는 마음이 잘 나타나 있다. 예를 들어 듣는 사람이 친구나 동생일 경우에는,

"동훈아, 나와 함께 갈래?"

하고 말하지만, 듣는 사람이 자기보다 웃어른일 때에는,

"어머니, 저와 함께 가시겠어요?"

이렇게 말한다.

또 우리말에는 섬세한 느낌을 나타낼 수 있는 낱말이 많다. 예를 들어 푸른빛을 나타낼 때에는 '파랗다',

'떠렇다', '푸르다'와 같은 말뿐 아니라 '시퍼렇다', '새파랗다', '파르스름하다', '푸르스름하다', '푸르딩딩하다', '푸르죽죽하다'와 같이 조금씩 다른 느낌을 지닌 말을 사용할 수 있다. 날씨를 나타낼 때에도 '춥다', '쌀쌀하다', '선선하다', '서늘하다', '선득선득하다', '시원하다'라든지 '따스하다', '따사롭다', '따뜻하다', '덥다', '무덥다'와 같은 말들을 사용할 수 있다. 이렇게 여러 가지로 느낌을 나타낼 수 있는 말이 발달한 것도 우리말의 특색이다.

이처럼 말은 우리가 살아가는 데에 꼭 필요하며, 말에는 그 말을 사용하는 사람들의 생각과 느낌이 담겨 있다. 그러므로 우리는 우리말의 고마움과 소중함을 깨달아, 우리말을 알고 곱게 가꾸도록 힘써야 할 것이다.

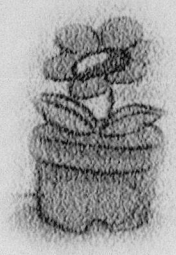

【에필로그】

책을 왜 읽어야 할까요?

손에서 핸드폰을 놓지 못하는 요즘 아이들이 책을 읽어야 할 이유는 분명하다. 영상이 넘치는 시대에 왜 글읽기를 해야 하느냐고 묻는다면, 이 진부한 질문의 시작이 참신함의 역행이 필요한 요즘이다. 정보의 양이 쏟아지는 디지털 시대에 정보 양을 많이 습득할수록 어느 정도의 지식수준과 문해력을 갖췄다는 착각의 상태에 빠진다. 그러나 정보를 얻는 것과 독서를 하는 행위는 전혀 별개의 차원이다. 독서는 텍스트의 뜻을 헤아리고 행간행간 마다 연결되는 의미를 풀어가는 고차원의 인지행위다. 나의 관점에서 생각하고 의미를 재구성하는, 매우 적극적이고 미래지향적인 인지활동인 것이다. 오늘날 중요한 이슈로 부각되는 가짜뉴스, 사회적 문제, 가상과 현재가 뒤섞이는 현실에서 독서는 가치판단이나 사실과 허위를 구분하는 당위성이 만들어진다는 것에 매우 중요한 도구다. 다양한 디지털 매체의 증가로 오히려 집중력이 떨어진다. 주의를 빼앗기면 집중력이 떨어지고 한 곳에 몰입하는 현상이 나타난다. 이런 집중하지 못하여 사고의 깊이가 소멸되는 현상이 발생할 가능성이 크다. 인간이 인공지능이나 기술문명에만 의존하면 지식의 노예가 될 수 있듯이 말이다. 영상 길이가 1분이 넘지 않는 댄스 챌린지 영상을 보고 있으면, 시간이 가는 줄 모르고 손에서 핸드폰을 놓지 못한다. 1.5배나 2배속으로 빨리 돌려보는 동영상은 어떨까. 그럴수록 우리의 집중력은 퇴화되는 게 아닌가 싶다. 갈수록 집중력은 떨어지고 정보의 습득은 가벼운 정보전달에 불과하여 깊이 읽는 사고의 문맹률은 계속 늘어날 것이다. 슬픈 현실에서 우리가 알아야 할 것은 집중력을 되찾는 것이다. 방법은 한 가지다. 책을 읽는 것이다. 독서가 가진 긍정적이고 실용가능성의 효용성은 빌게이츠, 스티브잡스, 일론머스크, 워런 버핏 등 성공한 인물들의 예로 알 수 있다. 독서의 지속 가능성은 항상 열려 있었다. 움베르트 에코는 "책 읽지 않는 사람은 단지 자신의 삶만 살아가고 또 앞으로 그럴 테지만, 책 읽는 사람은 아주 많은 삶을 살 수 있다"라고 했다. 인지 신경학자인 메리언 울프에 따르면 인간은 '읽는 유전자'를 가지고 있지 않았다고 한다. 선천적으로 타고난 것이 아니라 후천적으로 꾸준히 훈련하여 습관을 만들어 읽는 능력을 키워 나가야 한다. 읽어야 성장할 수 있고 지속 가능하게 나아갈 수 있다. 읽는 사람은 읽지 않는 사람에 비해 뇌의 가소성은 증가한다. 깊이 오래 읽을 때 뇌 가소성은 더욱 발달한다. 메리언 울프는 뛰어난 독서가의 뇌는 문서의 빠른 해석을 가능하게 하는 특정 부분이 발달한다고 말했다. 특정 부분이란 오래되고 지속적인 깊은 독서로 나아가는 행위다. 그 행위가 독서의 중요한 역할이다. 책을 읽으면 뇌가 활성화되면서 처음에는 책을 읽는 것이 어렵지만 우리 뇌는 습관화되면 독서도 쉽게 읽는 방향을 그린다. 뇌의 가소성(可塑性, neural plasticity) 덕분에 뇌는 자주 경험하는 일을 신경 회로를 변형시켜 더 쉽고 빠르게 처리해 낸다. 이를 통해 책을 읽는 행위가 자연스럽게 다가온다.

책 읽는 뇌를 만들어가는 것은 지속가능한 독서의 시작이다. 전략적인 독서로 이어가다 보면 자연스러운 독서습관이 만들어지고 나아가 독서는 일상이 된다. 일상의 독서는 후천적인 노력, 즉 습관과 마음가짐이다. 좋은 독서환경을 만들어가는 것도 독서의 지속가능성이다. 필요 이상으로 우리의 책 읽기는 디지털 시대에 절실하게 요구되는 생존 도구임에 틀림없다. 디지털 시대에 스스로 자각하고 통찰하는 사람만이 살아남을 것이다. 독서가 인류의 생존 조건으로 다시 주목받고 있는 이유다.

▣ 저자 김종윤 약력

전라북도 남원시 대산면에서 태어나 한국외국어대학교 법학과를 졸업하였다.
1993년 월간 『시와 비평』으로 등단하여
장편소설 『어머니는 누구일까』,『아버지는 누구일까』,
『날마다 이혼을 꿈꾸는 여자』,『어머니의 일생』 등이 있으며,
옴니버스식 창작동화『가족동화 10편, 가족이란 누구일까?』가 있다.
그리고『문장작법과 토론의 기술』,『어린이 문장강화(전13권)』이 있다.

나의 첫 질문 **국어공부 어떻게 해야 할까요?**
제2권 : 어린이 문장강화 **설명문** 편

초판 1쇄 인쇄일 : 2025년 3월 7일
초판 1쇄 발행일 : 2025년 3월 12일

지은이 : 김종윤
발행인 : 김종윤
펴낸곳 : 주식회사 **자유지성사**
등록번호 : 제 2-1173호
등록일자 : 1991년 5월 18일

서울특별시 송파구 위례성대로 8길 58, 202호
전화 : 02) 333- 9535 / 팩스 : 02) 6280- 9535
E-mail : fibook@naver.com
ISBN : 978 - 89 - 7997- 443 - 0 (73800)

이 책은 저작권법에 따라 보호받는 저작물이므로 무단전재와 복제를 금합니다.